蒙台梭利

发现孩子

〔意〕蒙台梭利——著

谢妮——译

中国水利水电出版社
www.waterpub.com.cn
·北京·

内 容 提 要

"大人不应把孩子塑造成小大人。"蒙台梭利认为，每个孩子都有观察外界、做出反应和学习的需要，因此她在本书中倡导打破旧的教育传统，去真正地了解和关爱孩子。本书针对0～3岁的孩子，秉持"尽可能地把孩子的一切留给自然"的原则，倡导为孩子设计一套科学的、有利于其身心成长的方案，让孩子学会观察世界、集中注意力，并充分唤起孩子的学习热情，从而开发孩子的精神力量。

图书在版编目（CIP）数据

蒙台梭利发现孩子 /（意）蒙台梭利著 ；谢妮译
-- 北京 ：中国水利水电出版社，2022.1
ISBN 978-7-5226-0293-6

Ⅰ．①蒙… Ⅱ．①蒙… ②谢… Ⅲ．①儿童教育－教育方法 Ⅳ．①G61

中国版本图书馆CIP数据核字(2021)第251231号

书　　名	**蒙台梭利发现孩子** MENGTAI SUOLI FAXIAN HAIZI
作　　者	〔意〕蒙台梭利 著　谢妮 译
出版发行	中国水利水电出版社 （北京市海淀区玉渊潭南路1号D座　100038） 网址：www.waterpub.com.cn E-mail：sales@waterpub.com.cn 电话：（010）68367658（营销中心）
经　　售	北京科水图书销售中心（零售） 电话：（010）88383994、63202643、68545874 全国各地新华书店和相关出版物销售网点
排　　版	北京水利万物传媒有限公司
印　　刷	天津旭非印刷有限公司
规　　格	146mm×210mm　32开本　9.5印张　150千字
版　　次	2022年1月第1版　2022年1月第1次印刷
定　　价	49.80元

目录 CONTENTS

孩子
受制于成人

蒙台梭利学校是可以让孩子们静心成长的地方，孩子们被压抑的心灵可以在这里得到尽情释放，并表达出真实的自我。

Chapter 1

蒙台梭利教育法用我的名字来命名，这一教育体系旨在用观察的方法来发现孩子身上以前从未被发现的精神特征。

我们在教育实践中了解到了孩子的许多特征，然而直到现在，孩子们的潜能仍然有待发掘。

为了进一步了解孩子和采用一些对策来维护他们的权益，结合以往对孩子的看法，我们采取了一些直接的解救措施和教育行动。

蒙台梭利学校是可以让孩子们静心成长的地方，孩子们被压抑的心灵可以在这里得到尽情释放，并表达出真实的自我。我们发现，孩子们表现出来的学习态度和行为方式，也与我们眼下所普遍推崇的教育理念下的孩子的情况大不相同。

面对这一情况，我们不得不开始反省，以往在教育过程中是否犯下了一些过错。并且，我们开始把教育的重心从教师转移到最敏感的孩子身上。

如今，孩子们在我们面前展现出了他们的所有心智，然而其中一些却未曾被我们注意到。同样，许多心理学家和教育学家也没有认真地探究过孩子们表现出来的一些行为倾向。

例如，在学校里，对于我们成人普遍认为孩子应该会喜欢的东西——比如玩具，孩子们并不太感兴趣；同样地，孩子们对于童话故事也没什么兴趣。出乎成人意料的是，孩子们非常喜欢学校里的教具，并且对此兴致盎然。

在处理一件事情时，除非孩子们真的需要成人的帮助，不然他们都非常明显地表达了并不想让大人们插手的倾向。**他们总想挣脱大人的束缚，希望每一件事都由自己亲自动手。孩子们如此安静而专注地投入到自己的工作中**，真的让我们感到惊讶！

很显然，成年人往往采取居高临下的态度，并且不恰当地介入和干扰孩子的行为，压制了孩子自然流露出来的天性。

在成年人的眼中，不论什么事情，他们都比孩子做得更好，于是就自以为是地把自己的行为模式强加给孩子。成人总是要求孩子接受控制，迫使他们放弃自己的想法和创意。

蒙台梭利教育法深受世界各地的欢迎，在全世界引起了热烈的反响。如今，即使是很多文化习俗不同的国家，也都建立了蒙台梭利学校。从某种角度来看，蒙台梭利教育法在世界各地如此受重视，证明了成人与孩子之间的冲突是普遍存在于全世界范围内的。

毫不夸张地说，孩子几乎从出生那一刻起，就处于成人的压制下。更可怕的是，人们并没有意识到这一点。即使我们现在生活在一个文明且先进的社会中，在复杂的社会礼教、成人对孩子行为的强制约束和刻意限制等因素的影响下，孩子与成人之间的对立和冲突也越来越恶化了。

对于一个孩子来说，他的需求不仅是身体上的，更关键的是心理上的。随着孩子的不断成长，如果他一直处于成人的控制之下，那么他的许多需求都是没有办法得到满足的。这些需求如果无法得到满足，孩子未来的智能和道德等方面的发展都会受到严重的影响。

成人的力量比孩子要强大得多，因此孩子们总是被压制着，孩子们不但不可以按照自己的意愿做事，而且还被逼着适应对其不利的生活环境。但是成人却自然而然地认为，他们做的这一切都是在帮助孩子学会适应这个世界。

现在成人对孩子进行的每一种教育活动，几乎都是采取命令式乃至暴力式的方法，借此强迫孩子去适应大人生活的世界。

这些命令式或暴力式的教育活动，等于否定了孩子是一个独立的个体。孩子们被这样对待，其实是非常不公平的，他们的身心健康也会因此受到巨大的伤害。

成人对孩子实施的强权教育深深地根植于家庭之中；在学校，这种类似的强权教育则更加严重。成人之所以实施这种强权教育，只是为了让孩子尽早适应成人的世界，早点儿配合成人的生活。

校园生活中严格的课业标准，以及各种强制要求孩子去遵守的行为规范，都让孩子们失去了原本无忧无虑的童年生活，也给他们的生活带来了许多困扰。

对于年纪幼小的孩子而言，学校和家长的强权式教育方式，无疑是一种强势的压力。在这种被压制的生活中，孩子发出了求救声，然而却没有得到关注。**孩子期望有人能够听到他的心声，然而他弱小的心灵却不断碰壁，不断地被伤害。**

久而久之，孩子们不仅不再顺从大人，还可能会变得不再爱惜自己，任由自己做出危险的行为，甚至是伤害自己。

过去一切哲学理论和道德思想的中心，都是与成人的各种社会问题相关的，却忽略了与孩子相关的各种问题。

似乎没有人会认为，孩子其实是区别于成人的独立个体；也没有人思考过，孩子也具有独特的个性和情感；更没有人会关心，作为完整生命而存在的孩子所应该具有的内在需求。总而言之，没有哪个成人是想真正地去了解孩子的。

有关孩子的研究记载，在人类历史上还是一片空白，我们期望可以将这些空白页都填满。**我们需要采用一种以孩子的幸福快乐为中心的、妥善且人道的方法，那就是为孩子建立一个不再压制他们学习和成长的环境。这个环境需要契合孩子的特性，使孩子可以在这样的环境中自由发展。**

建立一个能够保护孩子的有利环境，是所有教育措施推行之初所必需的。这个环境必须像暴风雨中的避风港、沙漠中的绿洲一样，可以保护孩子不被成人世界所影响，它应该成为孩子心灵的寄托，时刻确保孩子能够在这里健康地成长和发展。

新生儿的
到来

我们必须更彻底地了解新生儿，才能从他们出生开始就更悉心地照顾他们，让他们可以平稳地迈出人生中的第一步。

Chapter 2

有人认为，是文明让人类渐渐适应了周围环境的变化。假如这个说法是正确的，又有谁能比刚出生的婴儿要面临更强烈且突然的环境变化呢？

　　假如要成年人在短时间内适应生存环境的改变，那是非常困难的事情，刚出生的婴儿要面对同样的甚至是更糟糕的状况。因为新生婴儿完全是从一个世界到了另一个世界。

　　但是，我们到底又为新生婴儿做了怎样的准备工作呢？

　　我们可以从过去的经验中发现这样一个事实：人类在婴儿时期所遭遇的不幸，会严重影响其一生的发展。孩子在母体内的发育以及在婴幼儿时期的生长状况，对其未来的发展具有关键性甚至是决定性的影响。

　　世界各地的相关专家学者都提出，孩子在胎儿期以及婴幼儿时期的成长经历，不只会影响整他成年后的身心健康状况，而且在整个人类未来的发展中也具有至关重要的影响。

　　直到现在，人们都在认为，生产这一过程对于产妇来说是最痛苦、最危险的时刻。却没有人会觉得，对于新生儿来说，这更是一道难以突破的关卡。

为什么会说生产对新生儿也是一道关卡呢？

原因在于，在生产过程中，新生儿必须彻底脱离母体温暖舒适的子宫对他的保护，然后依靠尚未发育完全以及薄弱的力量来维持自己的生命。

在未出世之前，胎儿被孕育在温暖的羊水中。母体保护着胎儿，不让它受到外界事物的刺激和干扰，即使是强烈的温差和光线也不会影响到胎儿的生长。

而在生产时，新生儿是没有任何适应的过程的，他们从母体温暖的子宫里出生之前，还要在产道中经历一番辛苦的挣扎，最后又要马上适应一个完全陌生的复杂世界。

我们做了些什么来帮助新生儿顺利地出生呢？我们又是如何来迎接他的到来的呢？

当新生儿出生时，大家都把注意力集中在了刚刚生产过的妈妈身上。人们只是粗略地检查一番新生儿，确定其健康之后，就认为万事大吉了。

人们把刚生产完的妈妈安置在安静的房间里，以便让她可以好好休息。但是谁又考虑过刚出生的婴儿呢？是否也有人想过，应该将新生儿置于安静的环境中，好让他可以慢慢地适应新的环境？然而几乎没有人会认为，新生儿在整个生产过程中也经历了一场磨难。

在自然界，为了保证安全，在幼兽刚出生的一段时间内，母兽会把它们藏到一个安静且避开光线的地方，还会用自己的身体为其保暖。母兽为了保护自己的幼崽，对外部环境会极其警觉，绝对不会让其他动物靠近幼崽，不要说触碰幼崽了，即使是看一下都不可以。

再来看看人类是怎么对待新生儿的吧。不管是自然环境还是社会环境，我们都没有帮助新生儿去适应新的环境。甚至有人觉得，新生儿只要能够活下来就已经足够了。

由此可见，他们判断新生儿是否适应了新环境的标准，就是孩子能不能平安地活着。

本来在新生儿刚出生时，应该让他们处于与母亲子宫类似的环境中，并且维持在子宫里时的姿势。然而在现实生活中，新生儿一出生就被穿上了衣服，甚至被紧紧地包裹了起来，让他们柔弱的身体遭受着强力的束缚。

针对这种情况，有人认为："健康的新生儿拥有足够的抵抗力，可以适应周围的环境，自然界的万物不都是这样的吗？"

假如人类真有这么强壮，为什么成人不能自在地生活在树林里呢？为什么成人在天气寒冷时要拼命取暖，把全身裹在柔软的毛毯中，然后坐在安乐椅上，享受悠闲舒适的生活呢？莫非我们成年人比刚出生的婴儿还要脆弱？

总之，在人类的内心深处，有一种说不出且顽固的盲目无知。就如同视觉上的盲点一样，**人类对新生儿的盲目无知，正是其对生命的一个盲点。**

我们必须更彻底地了解新生儿，才能从他们出生开始就更悉心地照顾他们，让他们可以平稳地迈出人生中的第一步。

我们必须具备相当多的有关婴幼儿的知识，也必须了解新生儿自身的需要，才能真正照顾好新生儿。哪怕只是抱起新生儿，也要非常温柔、谨慎，除非能真正做到这一点，否则最好不要随便移动新生儿。

有一点我们必须了解，从刚出生下来到满月，婴儿都需要生活在一个安静的环境中。

在这段时间里，我们只需要保证房间足够温暖就可以了，不论我们将婴儿放在床上或者是放在摇篮里时，都不要给婴儿穿衣服，也不要用包裹束缚着他。这是因为刚出生的婴儿体温调节能力还比较弱，无法随着温度的变化来调节自身的体温，所以对他们来说，穿衣服并没有什么意义。

有些人不赞同这个观点，他们认为我忽略了不同国家的不同育婴方式。

对于这个批评，我只能说，我曾经观察过不同国家的育婴方式，经过研究之后发现，这些育婴方式在某些方面都是存在缺陷的。之所以会出现这个问题，是因为成年人在育婴方面毫无意识。大部分人并没有意识到，我们没有为新生儿的到来做好充足的准备。

可以说，几乎没有一个国家或者地方的人们，彻底地了解过新生儿。

大人会从潜意识里对婴儿的出生感到不安，他们总是努力去保护那些可能会被婴儿弄脏或者破坏的物品，尽管这些物品可能并不贵重。除此之外，大人们还会担心婴儿的出生会扰乱自己习以为常的生活秩序，让他们面对各种未知的困难。

可能正是出于这样的担心，所以我们在照顾孩子的时候，总是随时随地跟着孩子，以便及时阻止孩子可能会破坏物品和制止孩子的那些破坏行为。

大人这样做都是为了让孩子更有教养，然而这样的做法却抑制了孩子特有的自然天性。

有时候，大人们会认为小孩子的自然天性是一种任性的表现，但事实上，这并不是任性，只是我们对孩子了解的还不够。大人往往因为不了解孩子的性情，所以在教育孩子的过程中会犯一些错误。

例如，孩子从一岁开始，特别是在两岁之后，就会倾向于见到所有物品都摆放在自己熟悉的位置上，并且对每一样物品都会有他特定的使用方法。如果孩子这种习以为常的秩序被打破了，他就会不开心，甚至很沮丧，还会想办法把物品回归原位，借此来安抚自己的心情。即使是年龄更小的孩子，也会有物归原处的期望，类似的事情在我们的儿童之家就曾发生过。

有一次，一个孩子低头看着地上的一摊沙子。孩子的妈妈看到之后，就走过去把沙子抓起来撒掉了。这个孩子立刻哭了起来，他边哭边将散落的沙子用双手聚拢到一起，然后捧回了原处。起初，这位妈妈将孩子的哭泣归咎于他不乖。后来，她才明白了孩子突然哭泣的真正原因。

另外一个妈妈也遇到了类似的事情：有一天，她觉得天气很暖和，于是将外套脱了，搭在手臂上。这时，她的孩子哭闹了起来。大家都不清楚孩子为什么会哭得那么伤心。直到妈妈重新穿上了外套，孩子才终于安静下来。

上面几个实例都可以说明，如果将物品摆放在不适当的地方，孩子会因此而伤心。

大人会认为，孩子的这些行为是"淘气"和"任性"的表现，只有对他们做出处罚，才能纠正孩子的"缺点"。事实上，等孩子长大以后，这些所谓的"缺点"会自然消失。因此，现在并没有必要去纠正他们的这种"缺点"。

成年人肯定不会因为别人脱下外套就当众大哭。但是成年人不理解孩子为什么会这样，所以才会把孩子的这种行为当成不懂事的表现。

我们应当明白，这些都是孩子的正常行为，等他长大后自然不会再这样，因此也不需要为此过度担心。孩子的这些行为实际上只是一种"秩序敏感"的表现。

当我们真正地开始了解孩子的时候，才会不再误解孩子的行为，从而避免使用错误的方式教育孩子。

我们对新生儿的了解还不够深入，没有做好迎接新生儿到来的准备，我们还需要付出更多的努力。

新生儿的
精神胚胎

　　婴儿在精神胚胎期需要
合适的外部环境。他需要爱
的温暖和人们的尊重，需要
被周围的人和环境完全地
接受。

从科学的角度来说，新生命刚刚诞生时，精神世界是一片空白，只有各种不同的组织和器官，而这些我们都可以通过科学仪器检测出来。

精神方面的东西是无法通过仪器检测出来的。新生儿的精神世界是怎么产生的，难道真的是从身体里无中生有的吗？这似乎是一个谜。

事实上，我们可以将新生儿的精神世界理解成一个"精神胚胎"，当新生儿的肉体来到这个世界后，隐藏在肉体中的精神胚胎也随之形成了。

刚出生的孩子正处于人生旅途至关重要的起点上。新生儿在出生后的很长一段时间内，都需要他人的照顾，他们在这个阶段就好像身体瘫痪的病人一样，身心无法自主，几乎没有处理任何事情的能力。

大多数时候，新生儿都沉默不语，除了由于病痛或者饥饿而哭泣之外。大人们只要一听到新生儿的哭声，就会立即过来查看他是需要帮助，然后努力满足他的需求。

婴儿需要经过很长一段时间，可能是好几个月，也可能是一

年，才会慢慢变得强壮。再过几年，他就能用语言来表达自己的
需求了。

孩子在身体上和心理上的成长变化，我们可以将其看成是一
个成长为"人"的过程。从另外一个角度来看，成长是一个很神
奇的过程。

孩子有一种内在的能量，会在成长的过程中激发身体的成
长。只要这种能力一启动，新生儿就会慢慢地学会运动和说话
了。自此以后，婴儿就有了行动能力和表达自己想法的能力，这
就是人的内化过程。

对比其他动物来说，人类的婴儿是非常脆弱的，完全无法独
立生存。在出生后的很长一段时间内，婴儿都需要由他人来照
顾。可事实上，新生儿出生后长时间里的那种脆弱无力的状态，
对其成长具有非常重要的意义。

这是为什么呢？

其他动物的幼崽，不论它出生的时候多么脆弱，几乎都必须
在短时间内靠自己的力量活下去。它们出生后很快就能行走，甚
至能跟在妈妈身后奔跑。它们还要尽快学会与同类动物沟通，比
如，小猫学喵喵叫，小羊学咩咩叫等。动物的成长期既短促又简
单，因此，我们可以很容易地推测出动物幼崽的未来，例如老虎
一旦长大，就会变成真正的猛兽。

每个动物幼崽自降生到这个世界之后，不但具有了固定的外
形特征，还有与生俱来的本能。这些本能代表了不同物种的独特

特征，并且可以通过动物的各种行为表现出来。

有人以一种生物是否能进行活动来区分它是动物还是植物，他们认为植物无法像动物一样四处行走或者活动。这些动物身上具有而植物却没有的特征，就是心理上的精神特质。

动物刚出生时，都具有非常明显的精神特质，那么，为什么人类的新生儿没有这样的天赋呢？

有人认为，动物的行为表现经过了一系列的物种繁衍，是在逐渐积累的经验中形成的。难道人类的行为特征不是这样一代又一代传承的吗？

人类祖先也经历了先学会直立行走，然后发明语言的一系列发展过程，并且把其中的经验通过一代又一代的子孙后代积累传递了下来。

这其中一定隐藏着某种真理。让我们用某些物品的制造方法来打一个比方。

通过机器批量生产出来的物品几乎都是一模一样的，而那些手工慢慢打造出来的物品，则每一个都有它的不同之处。手造物品的价值，恰恰就在于它体现了艺术家的独特风格。

我们可以用物品的制造来类比人类和其他动物在精神特质上的差异，动物就好比批量生产出来的产品，每种动物一出生，就已经固定具有了跟同种动物一样的特征。

相比较而言，人类则是手工打造出来的，就好像艺术家手下的工艺一样，每个人都是一个独特的"产品"，都具有与众不同的特征。

此外，人的制造过程十分缓慢。一个人的外表还未明晰的时候，其内在就已经开始发展了。这个发展过程不是为了单纯地复制出一个完全相同的人，而是为了创造出一个完全不同的个体。

直到现在，我们依然无法清楚地解释人的内在发展。但我们知道的是，人的内在发展会经历一个既耗时又神秘的内在建设过程。这就好像一件艺术品在亮相之前，需要艺术家在工作室里对其进行一番精心的打磨。

我们无法看见人格形成的过程，无法知道新生儿为什么会无助。我们只知道，**即使无法确定一个新生儿将来会成长为什么样的人，但必须承认的是，他具有无限的发展可能性。**

在婴儿脆弱的身体里，必然存在比其他动物更加复杂独特的机制。每个人都是独立的个体，内在的独特意志能让个体不断地自我完善，督促自己不断向前迈进。

音乐家、艺术家、运动员、君王、英雄、罪犯、圣人等，他们虽然以同样的方式来到这个世界，发展之路却各具特色，正是独特的个性发展让他们做出了不同的事情。

哲学家曾经将婴儿柔弱无助的状态作为重要的课题进行探讨。但令人遗憾的是，没有医学家、心理学家、教育学家对此感兴趣，他们只是将新生儿的无助当作理所当然的事实。

尽管大多数孩子都顺利地度过了柔弱无助的婴儿时期，但他们在这个时期受到的影响会深深藏在潜意识中，并且极大地影响其日后的生活。

那些认为婴儿在行动上是被动的、在心智上是空洞的看法，实在是大错特错。还有一些人，把婴儿期及之后的阶段中，孩子非常迅速而神奇地发展的原因，归结于成人的悉心照顾和认真教育，这也是不对的。

这个看法会让父母产生一种错误的心态，认为是他们创造了孩子的生活，让孩子得到了力量，会将孩子当成是一件经由他们教导创造出来的"艺术品"。

为了孩子智慧和能力的发展，成人会不停地向孩子提出建议和发出命令，因此而以为自己具有近乎神圣的力量。骄傲是让人鄙视的一种恶行。成人将自身神化之后自我膨胀的同时，也给孩子带来了很多苦难。

事实上，真正握有通往孩子内心世界的钥匙的，只有他们自己。孩子在很小的时候就能展现出相当的心智天赋，总有一天他们会努力展现出自己巨大的能力。成人过度的自我膨胀会导致他们不恰当地干预孩子的行为。而这种干预会消解孩子的努力，阻碍他们自我的实现。成人的行为不利于孩子天赋的发展，这可能会导致人类传承中某些方面的失败。

虽然孩子必须经历重重的困难和长久的努力，才可以充分把握和运用自己的心智，但孩子的天赋，也只有通过这样的方式才能慢慢展现出来。

孩子身上隐藏着的精神力量在慢慢地茁壮成长，它一点一点地让孩子被动的躯体活跃起来，逐渐增强了孩子的意志，并且让孩子的意识慢慢地觉醒了。事实上，还有另一股巨大的力量正朝着孩子们袭来，并且最终控制了他们。

但是无人能感悟并接受人类可能会发生内在转变这一事实。因此，脆弱的新生儿无法得到保护，也没有人去帮助他们渡过艰难的发育期。甚至周围环境中的很多因素对新生儿的发展来说，也是一种阻碍。于是，在困难重重的环境中，处于精神胚胎期的婴儿只能依靠自己薄弱的力量努力生存下去。

正如生理胚胎一样，**婴儿在精神胚胎期也需要合适的外部环境。他们需要爱的温暖和人们的尊重，需要被周围的人和环境完全地接受，并且永远也不会受到阻碍。**

了解了这些以后，我们就必须改变对待孩子的态度和做法。一旦认知到新生儿是精神胚胎，我们也就有了新的责任。

这个温柔、娇弱的小生命，这个让我们喜爱，被我们用过多的物质包围的，如同我们玩具一样的心理胚胎，一定会唤起我们对他的崇拜和敬畏。

人的精神慢慢通过躯体的动作展现出来的过程，我们称之为实体化，在这个过程中，婴儿必须面对许多内在的挑战。在婴儿的身体里，意志一开始是不存在的，但最终，意志一定会控制住婴儿的躯体活动。

从这一刻开始，婴儿娇弱的生命就像花儿一样绽放开来，他开始有了意识，慢慢对周遭环境中的事物感兴趣，他的躯体、肌肉、器官都在自己的努力下活跃起来了，我们必须对他的努力给予尊重。这段时间也是孩子人格发展和定型的关键时期，我们必须尽力去了解孩子的精神需求，并为他准备一个适宜的成长环境。

提供适宜的环境是教育科学长久以来的重要原则，需要成人付出智慧和努力。我们必须明白，在得到人类发展的最后结果之前，还有很多工作等着我们去做。

孩子拥有
吸收性心智

走路、说话都是孩子自然而然学会的。妈妈只是生下了一个柔弱的小婴儿，而这个婴儿在自己的努力下，成为具备各种能力的"人"。

　　新观念认为，应该以生命本身为一切生物功能的中心，这也改变了过去的教育理念。学校不再是与世隔绝的世界，孩子也不应该被隔离开来、受到过度的保护。

　　大量的心理学家开始研究年幼的孩子，他们从孩子出生的第一年就开始进行观察。研究发现，**人格建构和塑造就是从出生的第一年开始的。**

　　孩子刚出生时是一无所有的，并且也一无所知，他们的肉体还没有开始发育，几乎不能做任何事情。经过一段时间的学习之后，婴儿开始说话和行走，然后慢慢学会了其他技能，并且最终依靠自己的力量将自己塑造成了"人"。孩子在这个过程中存在着巨大的内部力量，吸引着我去研究它，也引起了很多科学家的关注。

　　曾经人们以为，孩子会说话、会走路都来源于母亲的教导，他们认为孩子的那种巨大力量是母亲所给予的。

　　事实并非如此，走路、说话都是孩子自然而然学会的。母亲只是生下了一个柔弱的小婴儿，而这个婴儿在自己的努力下，成为具备各种能力的"人"。

哪怕孩子说的"母语"，也未必就是从母亲那儿学来的。例如，有些孩子是在国外出生的，并且在国外长大，也许他的母亲不会说当地的语言，但是孩子却能讲一口流利的当地话。

因此，孩子流利的口头语言能力并不是遗传的，既不是源于父亲，也不是源于母亲，而是孩子利用周围环境中的语言资源塑造完成的。

有些好奇心强烈的人会提出这样的疑问：为什么具有最高智慧的人类，却需要经历漫长而艰辛的婴儿期，而其他动物却不需要这样的塑造过程呢？还有些人会好奇，婴儿期究竟是怎么一回事呢？他们认为这其中一定有无穷的奥秘。

婴儿期确实蕴含了一个心灵创造的宏大工程，而且是从零开始的。人类婴儿的语言学习过程与动物不同，动物的声音越来越响亮，就代表了它的语言发展，而婴儿语言能力的发展，不仅仅是音量上的变化，更是一个从无到有的创造过程。

婴儿的心智与成人的心智是不一样的，婴儿能依靠自己的天赋创造出很高的成就。他不仅掌握了语言能力，还创造了各种各样的身体动作以及表达智慧的方式。

这些创造并不是在婴儿有意识的"意志"控制下才完成的，而是通过潜意识的心智来完成的，这是一种无法想象的智慧创造。

有时候我们还会发现，环境中的某些事物会引起孩子强烈的兴趣，孩子甚至会在整个生命中都表现出极大的热忱，这就是潜意识的力量。

　　孩子一生下来就是有听觉的，但是令人感到惊讶的是，为什么周围环境中有千万种声音，他只会单单模仿人类的声音呢？

　　人类的语言在婴儿的潜意识中有一种特殊的印象，从而激发了一种特殊的情感，让其肌肉纤维产生共振而去学习这种声音，其他声音则无法达到这种效果。

　　这正是婴儿学习语言的方式，也是孩子心理人格的一部分。

　　语言的学习是一种内在心理作用带来的复杂变化，人类语言的刺激不仅会进入孩子的心智之中，也能通过模仿让它成为孩子自身的一部分。

　　我们称这种心智为"吸收性心智"，如果这种力量可以继续发挥作用，那么它能产生的巨大影响将是我们所无法想象的。

　　一些心理学家对孩子从出生到18岁整个成长时期进行了追踪研究。研究发现，这些孩子的成长过程都包含了一些各不相同且独具特色的阶段，这些阶段与生理发展阶段是相呼应的。

　　有些心理学家认为，"成长是一连串的出生"。也就是说，孩子的成长过程具有阶段性。

　　具体来说，第一个阶段是从出生到6岁左右。在这个时期，孩子的心智形态几乎是一样的。

　　这个阶段又可以分为两个小阶段：0～3岁、3～6岁。0～3岁时，孩子的心智不会受到成人的介入和影响；而3～6岁时，儿童的心智可以被成人介入，但是必须以某种特别的方式进行。

在第一阶段中，孩子的变化都非常大，他从柔弱无助的婴儿慢慢成长为活蹦乱跳、能说会唱的孩子，等到了6岁，他就已经足够成熟并且可以去上学了。

我们要强调的是，6岁是生命中的一个新纪元，孩子的生理也会发生相应的变化，一般在这个时候，孩子就开始换乳牙了。

第二个阶段是6岁到12岁，孩子在这一阶段只是单纯地长大，身心不会产生较大的变化。这个阶段的孩子一般显得比较平静和柔顺。

第三个阶段是从12岁到18岁，这是一个孩子变化比较大的时期，不论是生理方面还是心理方面，都会发生较大的转变。

世界各国的人们都有普遍的共识，那就是孩子12岁以后，就需要去更高层级的学校学习，这样才能让其心智得到更好的发展。

在第三个阶段中，孩子的个性会变得很不稳定，通常表现得比较叛逆且放荡不羁。但是，传统的学校并不重视这些，他们只要求孩子能够安安分分地按照课表上课，而且可能会用体罚等方式来惩罚孩子们的叛逆。

等到了18岁，孩子们可能会到大学里继续学习。大学里的学业非常繁重，但是孩子们的学习方法却仍然与中学的时候类似，因为他们依然还是坐在教室里听老师讲课，被灌输各种知识以获得学位，这种灌输式的教学方式能否让孩子们学以致用非常令人怀疑。

在这个阶段，虽然孩子们在生理上已经基本成熟，但如果只是继续读书、听讲，被灌输各种知识，他们就很难获得独立判断的能力，实现意志的自由。

事实上，只有实际的工作经验才能帮助孩子真正地成熟起来。如果你们看到知识分子在街上游行，大声喊着"我们没有工作！我们在饿肚子！"的口号时，就会意识到，这正是他们对社会的一种控诉。因为虽然社会已经在孩子的教育上投入了很多，却没有让孩子真正地成长为大人。

心灵的建构

父母非常乐意为孩子做出牺牲，并且为孩子奉献得越多他们就越快乐。父母丝毫不觉得自己的奉献是一种牺牲，这就是生命的本性。

如果要进一步揭开孩子吸收性心智的奥秘，我们就必须弄清楚胚胎期以及产前期胎儿的生长过程。

过去的科学家在研究动植物时，通常都是以成熟的个体作为样本的。科学家在研究人类时，同样也是多选取成人作为样本。

现在，科学家们开始从不同的方向研究人和其他生物，他们的研究样本不再只是选择成熟的个体，也会开始针对幼小的、最初始的生命进行取样研究。

人们开始慢慢重视胚胎学这门科学。胚胎学主要关注的是两个异性成人的生殖细胞结合形成的受精卵，以及从受精卵到胎儿的发育过程。开始于成人，又结束于成人，这就是生命的必经历程。

造物主给幼小的孩子提供了特别的保护，他们是在父母爱的结合中诞生的，从出生到长大，也一直被父母的关爱所包围着。这种感情是天然存在的，并非理性要求的结果。从另一个角度来说，它不同于慈善家、宗教家或社会活动家所想要唤醒的爱。

只有父母对孩子的爱达到了人类道德对爱的最理想的境界，因为父母为孩子奉献都是无怨无悔的，也不求回报，它是最纯粹、最无私的一种爱。

父母非常乐意为孩子做出牺牲，并且为孩子奉献得越多他们就越快乐。父母丝毫不觉得自己的奉献是一种牺牲。这就是生命的本性，也是生物的一种特殊的本能，比"适者生存"的竞争要高尚许多。

因此，法国著名生物学家法布尔在研究物种延续时提出，物种能够延续下去，不仅仅是因为它们自卫的天赋，更因为它们具有伟大的母性本能。

19世纪的科学家曾认为，人的胚胎是一个结构完整的迷你小人，它会慢慢地长大。不过，这个迷你小人是来自男人还是女人，他们甚至还为此展开了激烈的讨论。

直到人类发明了显微镜，科学家对人类胚胎进行了进一步的研究之后，才不得不接受了这样的事实：胚胎内并不存在任何已经成型的人的雏形。

科学家们在显微镜下观察了胚胎之后发现，受精卵首先一分为二，再由两个变成四个，四个变成八个，如此不断地分裂、增殖，最后才慢慢地发育成了胚胎。

胚胎学的研究发现，胚胎建构器官的方式非常特别，就和建造房屋时需要先准备砖块，然后才能开始搭建一样，胚胎从一个细胞开始，然后围绕这个细胞进行分裂，只有当生殖细胞分裂到足够多的数目时，分裂才会停止。这时，器官就开始形成了。

科学家们在进行这项科学研究时认为，在各个器官形成的区域涵盖着许多敏感点，一开始这些器官都是各自独立发展的，好像每个器官都只以自己的发展为目的。

当同一个器官的细胞进行活动时，它们都会围绕着同一个中心，显得非常团结。它们不断地发生改变，并与周围的细胞越来越不相似，直到最终呈现出预定的器官模样。

等到每一个器官各自独立成形之后，就会有一种力量促使它们以某种方式相互联系并且结合在一起。新生儿就是在这个时候诞生的。

首先是循环系统将全身的器官联系起来，然后神经系统会完成整个身体的连接。所有的连接都是基于一个点，由该点出发，完成一个个器官的创造工作。等到器官一步步地建构完成之后，它们必然会紧密地结合在一起，最终形成一个独立的生命体。

所有的高等动物都遵循着这一计划来构建，自然界中的生命只有这样一种构建方式。人类心灵也遵循着相同的发展路径，它也是一个从无到有的过程。

新生儿的心灵不存在任何东西。它会围绕一个敏感点，然后通过吸收性心智不断吸收周围的印象，来累积形成内心世界。

当婴儿的心灵累积到一定程度之后，就会出现更多的敏感点。婴儿的各种能力最终都是由这些敏感点形成的，语言能力的获得就是其中的一种。

从各个敏感点形成的只是心灵所需的各个器官，而不是一个完整的心灵。

心灵器官与身体器官一样，最初也是各自独立发展的，例如，说话、走路、判断远近等能力都是如此。它们各自围绕着一个兴趣点出发，非常明确地让孩子只专注于某一类活动。

与某个心灵器官相对应的敏感性会在该器官形成之后消失。但当所有的心灵器官都形成以后，它们就会彼此结合起来，形成心灵的实体。接下来，婴儿的心灵会在此基础上继续向前发展。

如果我们不了解孩子的敏感期及敏感期的出现顺序，就无法明白孩子的心灵是如何建构起来的。

常常会有人说，以前的人们不懂得孩子的敏感期，一样也养育出了健康的后代。我承认这一事实的存在，但这样的方式已经不太适合我们现在所生活的时代了。

在过去，母亲可以本能地去帮助孩子在敏感期内发展，她们会随时随地把孩子带在身边，为孩子提供了他所需要的环境，而且她们会本能地用母爱去保护孩子。但是在现代，人类的生活方式发生了很大的改变，母亲们已经渐渐地开始失去这种母性的本能。因此，如果母亲不了解儿童的敏感期，就无法为孩子的成长提供其所必需的条件。

从这一点上来说，研究母性的本能与研究孩子的自然发展都十分重要，而且两者是相辅相成的。

母爱必须回归自然，它是大自然赋予我们的一种力量，理应受到科学家的重视，科学家应该致力于对母爱本能的研究，并帮助母亲恢复这种已经失去的本能。

我们要帮助母亲去学习这方面的知识，让她们可以在孩子一出生就给予其心灵上的呵护，而不是把孩子交给受过训练的保育员来照顾。

让保育员来照顾婴儿，即使他们非常讲究卫生和科学，也只能满足孩子生理上的需求，很难满足孩子心理上的需求。这样的照顾很可能使孩子精神或心灵贫瘠，甚至因此导致孩子死亡。

据我所知，荷兰的某个城市就曾经发生过这样骇人听闻的事情。

有一家机构，其工作人员曾经向一些贫穷家庭的母亲传授了科学育儿的有关知识，还接收了一些失去父母的孩子。

孩子们生活在这个既科学又卫生的环境之中，有各种营养丰富的食物享用，可以得到受过专业训练的护士的照顾。相比那些贫困之家的孩子，他们可谓是幸运得多。

然而，没过多久，这些孩子们就开始陆续生病，并且一个接一个地死去了。那些生活在贫困家庭中由母亲亲自照顾的孩子却没有患上这样的疾病，相反，他们比那些由专业护士照顾的孩子更健康。

值得庆幸的是，这家机构的医生发现了他们在照顾那些孤儿时的一些缺失之后，立即进行了相应的改进和补救措施。

护士们开始试着用充满母爱的方式去对待孩子们，他们会拥抱和亲吻孩子，会跟孩子们一起玩耍，同时还会跟孩子们进行精神上的交流。

孩子们从这种发自内心的呵护中感受到了母爱，那些生病的孩子也因此慢慢恢复了健康。自此之后，生活在这个机构里的孩子们的脸上也渐渐充满了笑容，身体也变得越来越健康了。

孩子的
行为能力

婴儿作为一个独立的生命个体，拥有其内在的个性与自我，这些我们无法左右，只能顺其自然地发展。我们只能帮助他实现自我，为他扫除成长过程中不利于自我实现的各种障碍。

Chapter 6

　　尽管行为主义的研究以及相关的理论都无法完全解释生命的奥秘，但是这些理论对我们理解某些事实有很大的帮助，我们可以借此弄清楚生命是怎么成长的。

　　在前文中我提过，自然界中各种生物的生命都是依照一个唯一的构建计划来发展的。无论是在胚胎期以及婴儿出生后的成长，还是在一些社会现象中，我们都能发现这个计划。

　　很多动物的早期胚胎形态都是类似的，不论是人、兔子，还是蜥蜴或其他动物，这种现象是很有意义的。但是当这些生物的胚胎发育完成后，他们之间的差别就很大了。

　　有一点我们是非常确定的，即新生儿是一个精神胚胎，每个孩子在刚出生时都是相似的。因此，婴儿无论在精神胚胎期还是心灵构建的阶段，都需要得到同样的对待和教育。不管这些孩子将来会成为天才还是苦力、圣贤还是罪犯，他们都要经历同样的发展过程。

　　由此可见，对孩子刚出生那几年的教育应该是相似的，即顺从他们自然的本性。

　　婴儿作为一个独立的生命个体，拥有其内在的个性与自我，这些我们无法左右，只能顺其自然地发展。我们只能帮助他实现自我，为他扫除成长过程中不利于自我实现的各种障碍。

我们可以确定，敏感点是存在的，器官正是围绕不同的敏感点慢慢形成的。不同的器官各自形成后，循环系统和神经系统就会随之出现，它们会把这些器官连接与整合起来。

现在依然有一些科学无法解释的问题，例如，生命体是怎样形成的，以及生命体是怎么成为自由、独立的个体，并且拥有与众不同的个性的。

1930年，美国费城的学者研究发现了一个生物学中与现行理论完全相反的事实。他们发现，大脑里的视觉神经中枢比视觉神经形成得更早，它们在眼球形成之前就已经出现了。

学者根据这一事实得出了结论：对于动物来说，心理的形成早于生理的形成。也就是说，在器官形成之前，生物的习性已经存在了。如果这个结论是正确的，意味着动物生理部分的构建是自动完成的，这能使其更符合生物的心理需求和本能。

动物的心理部分比生理部分先形成，是利于其肢体和器官去表达其种属的本能的。这个新理论与旧观念的不同之处在于，旧观念认为动物是为了适应环境才会形成某种习性的。

人们曾经以为，为了适应环境以便在竞争中更占优势，动物的身体结构会跟随个体的意志力做出必要的修正。动物的身体结构在经过无数代演变之后，就会渐渐适应复杂的环境。

新理论并没有完全否认这些说法，而是将动物的习性放在核心地位，而且习性也能够完成适应环境的工作。

我们在牛的身上发现了这种现象。

众所周知，牛是一种强健有力的动物。通过世界地质史，我们可以了解到牛的进化过程。

当地球表面还被植被覆盖着的时候，牛就已经出现了。有些人可能会感到疑惑，牛为什么会选择青草作为食物呢？又为什么会有四个胃呢？

如果只是为了在地球上生存下去，选择别的东西作为食物也许会更容易一点儿。因为自然界除了青草之外，还有大量的食物。然而几千年过去了，牛依然只以青草为食。

我们仔细观察牛吃草时的状况就会发现，牛吃草时并没有将草连根拔起，而是将草从根部咬断。它们好像明白，只有这样吃草，草的地下根茎才能生长得更好，否则草很快就会开花、结果，然后枯死。

人们还发现，青草对于地表有着非常重要的作用，可以防止水土流失、保护土壤，使土壤更肥沃。

由此可见，青草的存在对于大自然的生态秩序十分重要。除了牛的啃食之外，还有两项工作对维护青草的生长非常重要，那就是施肥和重物的滚压，而这些都是牛能够胜任的，没有哪种农业机械能比牛做得更好。

牛除了能够帮助青草生长、维护土壤，还能生产出营养丰富的牛奶。

这样看来，牛的生活习性好像是为了符合大自然的规律而设定的，就像乌鸦和秃鹰一样，它们是自然界的清道夫，其习性也是因为大自然的规律而形成的。

从许多动物选择食物的例子中，我们可以得出结论：**动物不只是为了满足自身的生存需求而吃，也是为完成大自然的某个使命。**

不论生物还是非生物，大自然中的所有成员都在进行合作，这一切都是为了整个自然界的和谐。

有的生物吃东西没有什么规律，它们似乎不是为了活着而吃，而是为了"吃"而活着。例如，蚯蚓每天都要进食大量的泥土，这些泥土的重量几乎达到了它自身重量的200倍。

很明显，蚯蚓吃泥土不仅维持了自身的生命，还改良了土壤。达尔文曾经说过，如果没有蚯蚓，地球上可能就不会有这么肥沃的土地。

还有蜜蜂，通过它们传播花粉，很多花儿才能结出果实。

从行为主义的角度来看，这些动物的行为不仅是为了自身的生存，同时也在为其他生命的生存效力。

在海洋生物中也有类似的例子，比如，有些单细胞生物可以清除海水中某些有毒的盐分，就像过滤器一样。为了给海水消毒，它们每天都要吸入大量的海水，假如人按照这个比例来喝水，相当于每分钟要喝3.8升的水。

动物们并不清楚自身的生活习性与地球生态之间的密切关

系，但是更高级生命的生存、地表的土壤、空气和水的净化都依赖于这种生态关系。由此我们会发现，自然界似乎存在一个固定的发展计划，动物器官的形成就是为了完成这个计划。

这就好像是大自然的一个"隐藏的命令"，各种生命的存在都是为了服从这个命令，它使得自然界中的各种生物可以和谐相处，因此而创造出了一个更加美好的世界。这个世界并不是为了让我们享受而创造出来的，然而我们的存在却是为了让这个世界继续发展演化。

当我们比较了人类和其他动物之后，就会发现人类和其他动物之间确实有许多不同之处，最主要的一点是，人类不具有特定的运动方式，或者说没有特定的栖息地。

热带、极地、沙漠、丛林，无论什么样的气候和环境，人类都可以生存并适应。也只有人类可以做到这一点。人类可以自由地到地球上的任何地方，并且在那里生存，其他动物则是做不到的。

不仅如此，人类还可以学会各种各样的运动，可以用自己的双手做很多的事情。这些都是其他动物无法做到的。人类是自由的，因为几乎没有什么事情是人类无法做到的。

虽然人类可以掌握各种不同的语言，可以行走、跑步、跳跃，也可以像鱼一样游泳，还可以跳出优美的舞蹈。但是对于新生儿来说，他们几乎没有任何行为能力，身体就好像瘫痪了一样，必须通过学习，一项一项地掌握。

孩子不仅能学习并获得各种人类的能力，让自己远远超越其他动物，还能根据周围的环境气候以及社会日益复杂的需求，去适当地调整自己的状态。

只有孩子才能完成这种适应环境的工作，成人已经无法轻易地适应环境了。例如，孩子可以很完美地掌握外语的语音和语调，成年人却很难做到，即使新语言比母语要简单得多。

也许成年人会喜欢某个环境，但这种喜欢只是把环境保存在记忆中。孩子却可以在不知不觉中吸收环境中的一切，并使其构成自己心灵的一部分。

就好像语言一样，孩子会将所见、所闻都融于自身，让它们变成自己所拥有的东西，甚至是成为自己的一部分。

孩子的这种吸收特性，目的是帮助个体构建一种行为，使其不仅能适应他所属的时空，也能适应这个社会的精神意识。

成人往往会带有某些个人情感和偏见。从客观上讲，我们应该拒绝这些情感和偏见，但对于一个成人来说，想要摆脱它是非常困难的，因为它已经融入了我们的血液，成为自己的一部分。

改变一个成人实在是太困难了。如果想要提升一个民族或国家的整体实力，或者想要提升社会文明，我们都必须依赖孩子，以孩子作为突破口，只有孩子才具备这方面的巨大潜能。

了解
3岁孩子

对于孩子来说，3岁之前他们用心灵吸收事物，而3岁以后，则要用双手探索世界。

自然界好像将3岁当作一条鲜明的分界线，孩子3岁以上和3岁以下的时光被切割开来了。

孩子在3岁之前，生命中充满了创造性，会发生一些重要的事件。但孩子们通常会忘记3岁之前发生的事情，因为他们从3岁之后才开始慢慢形成意识和记忆。

在3岁之前，孩子还处于精神胚胎期，在这个阶段，很多东西都是各自发展并独立形成的，比如语言、肢体动作和感觉，这就好像在生理胚胎期，身体的器官一个接一个地形成一样。但是孩子们却记不住这些发展变化了。

这是因为，孩子在3岁之前还没有形成自己的人格。只有各部分心理器官都构建完成之后，才有可能形成统一的人格。

建构心理器官时，那些潜意识和无意识的产物，仿佛都从孩子们的记忆中被抹去了。当一个3岁的孩子站在面前时，我们自然会感觉到这个孩子发生了巨大的变化，我们也会因此而感到不可思议。

我们无法理解孩子，因为大人和孩子之间沟通的桥梁似乎被夺走了。因此，我们需要了解孩子早期的生命状况和本性，否则

我们很可能会无意中破坏了孩子已经建构好的东西。

在文明创造的过程中，人类逐渐背离了生命的自然之路。**在现代文明的洗礼下，人们只注重物质发展，却忽略了心灵的发展和保护。如此一来，孩子所处的生存环境就充满了各种各样的障碍。**

孩子的成长完全是由成人来监管的，除非成人得到大自然或者科学发现的指导，否则他们就会阻碍孩子的成长。

3岁之后，环境对于孩子的成长至关重要。孩子们必须在环境中自由地活动，这样才有可能发挥3岁之前所获得的能力，来让自己继续发展。

即使孩子已经忘记了3岁之前发生的事情，但他依然可以将已经深入到意识中的创造力在活动中发挥出来。

通过智慧的引导，孩子们可以通过自己的双手，借助游戏来完成自己的意志。**对于孩子来说，3岁之前，他们用心灵吸收事物；而3岁以后，则要用双手去探索世界。**

尽管此时孩子们已经获得了一定程度的发展，但这种发展会一直持续到大约4岁半。他们需要在这个阶段完善之前所获得的各种能力。

在3岁以后，孩子的心灵依然具有心理胚胎时期的吸收能力，而且是不知疲倦的。双手成了孩子在这一阶段了解世界的重要器官。

假如能让这个年龄段的孩子持续地用双手进行工作、玩耍，他就会像鱼儿在水中一样快乐，人们会把这个时期当作"幸福的游戏时期"。

如今，有很多满足孩子活动需求而设计的玩具在市场上销售，以致于孩子的生活空间里塞满了大量不利于他们心智发展的无用的玩具。

孩子渴望用双手触摸环境中的每一样东西，然而大人们却只允许孩子接触其中的一小部分，并且拒绝给孩子提供其他物品。

例如，很多父母允许孩子玩沙子，在没有沙的地方，有钱的父母还会给孩子买些沙子。水也可以玩，但不能太多，因为水会把衣服弄湿。

当孩子玩腻了沙子时，大人们就会给他一些过家家的玩具，比如小厨房、小屋子等，但这些玩具并不能当作真正的实物来使用。然而非常可笑的一点是，当孩子想要学习大人那样做家务，或者做其他在真实生活中大人会做的事情时，成人明明看出来孩子有这样的需求，却只给孩子提供一些不真实的玩具。

当自己无法陪伴孩子的时候，成人可能会给孩子一个洋娃娃来陪伴他。也许洋娃娃能起到陪伴的作用，但是洋娃娃既不会说话，也不会回应孩子的爱。

在成人看来，玩具对孩子是非常重要的。他们认为玩具可以帮助孩子开发智力，有玩具当然比没有玩具好，但是孩子很快就会对这种玩具感到厌倦，并且想要得到新的玩具。

有时候，孩子会故意弄坏玩具，成人则会认为孩子的天性就是如此，他们具有破坏性，喜欢拆开或者破坏物品。实际上，这种性格是人为造成的，因为孩子没有合适的物品使用，于是就会拆玩具。

　　孩子并不是真正地喜欢这些玩具，因为它们不是真的。如果一直让孩子玩这些不利于心智发展的玩具，他就会变得没有精神，专注力也会变差，心理发展还会偏离正轨，甚至连人格也会发生扭曲。

　　其实这一年龄段的孩子热衷于模仿成人的行为，因为这样能让自己更完美。可惜成人总是否定孩子的这种努力，以至于孩子的发展也慢慢偏离正道。

　　社会文明程度越高，孩子的处境就越悲惨。那些生活在简单社会中的孩子反而更平和、更快乐，因为他们周围的物品都不昂贵，所以他们可以随心所欲地使用这些物品，也不用担心会把它们弄坏。

　　例如，当妈妈洗衣服或烤面包时，孩子也可以待在旁边参与。假如孩子在生活中找到适合自己做的事情，那么他们就可以为自己的生活做好准备。

　　3岁的孩子必须为了他自身的发展而工作，这一点是毋庸置疑的。如果按照他的身材比例去提供一些符合他能力的物品，让他学着大人的样子操作，他的性格就会变得平和而满足。

　　孩子并不在乎生活环境中那些不同寻常的事物，因为这些几乎不能帮助他适应自己所处的世界。**孩子的自然发展需要符合这**

样的法则：**他需要通过完成某些事情来获得成就感，而这种成就感会给他带来快乐。**

所以，**真正科学的教育方式，是给孩子提供符合他的身体和力量的物品，吸引他活动或工作的兴趣**。就像成人拥有属于自己的家和田园一样，孩子们也要有这样的需求。

只给孩子提供可以消遣的玩具是不够的，我们需要给他一个真正的家，给他能够使用小型工具来耕作的田园。也不要给孩子洋娃娃，而要让他有一群真正的小伙伴，让他对社会生活有切身的体验。

我们需要丢掉之前给孩子提供的那些玩具，转而用真实的东西替代。一旦我们能做到这一点，孩子就会做出我们意料之外的反应。

如果孩子接触到这些真实的东西，他就会表现出不一样的人格，还会坚持独立自主的工作，并且拒绝他人的代劳或帮助。孩子们的这种表现让很多母亲、保姆和老师都非常惊讶。

这时，成人只能在一边旁观，孩子则成了这个环境和这些物品的主人。

多年以前，我在罗马所做的早期教育实验中，就很幸运地在贫穷孩子中看到过这样的例子。假如我们把儿童之家建立在纽约的高级住宅区里，也许就不会有现在这样引人注目的成就了。

很多富裕家庭的孩子，在学校学习时拥有大量可以摆弄的物品，但很多其他的事情可能会阻碍这些孩子的成长和发展。

在教育实践中，我们发现了三个有利于教育实验的环境因素：

1. 学校位于贫困地区，虽然穷人家的孩子拥有的物质资源并不丰富，但他们生活在自然环境之中，因此他们的内在是富有的；

2. 孩子的父母基本上都是文盲，无法给孩子的成长提供帮助；

3. 孩子的老师并不是专业教师，因此不会受到传统教育偏见的影响。

如果在美国做这样的教育实验，很可能会失败，因为美国的父母可能会给孩子请到最好的老师，而"好老师"就意味着他们学会了一套对孩子没用的理论，而且也反对"孩子自主"。当这样的老师把自己的观念强加在孩子的身上时，就会阻碍孩子的发展。

如果想取得教育实验的成功，最好是以贫困地区或者贫困家庭的孩子为教育对象。我们可以给这些孩子创造出他们从未经历过的环境，为他们提供科学设计的教具，来激起孩子们强烈的兴趣，唤醒他们的专注力。

我们的教育实验在40年前引起了极大的反响，因为人们从来没有看到过孩子会有如此优异的成绩和表现。

在教育实验中我们发现，专注只是孩子的一种基本表现，随着实验的持续进行，孩子们都沉浸到了自我完善之中。

在传统的教育环境中，孩子的注意力无法集中在一件事情上，经常在不同的事物中跳来跳去。现在已经证实了，那并不是孩子真正的性格，而是不适宜的环境所造成的结果。

我们必须有这样一个认知：在3岁孩子的内心，有一个老师在准确无误地引导着他。我们所谓的孩子的自由，是指让他跟随自己内心的自然引导去进行各种活动。

在自然的引导下，孩子会把工作做得很彻底，例如，我们原本只是希望孩子能擦一擦桌面，但是他却连桌子的边边角角、底面甚至缝隙处都擦得干干净净。

如果我们给孩子一个自由的空间，不去干涉他，他就能专心地投入其中。但是在传统的教育环境下，大多数老师常常会忍不住打断孩子，并且喜欢指导孩子，因此那些受内心自然引导的孩子很难跟这样的老师和谐相处。

一般来说，老师可能会觉得应该由易到难、逐步引导孩子做事，但是孩子也许会喜欢从难到易，甚至是跳跃式的前进。

在疲劳这个问题上，老师也是有偏见的。当孩子在做一件他非常感兴趣的事情时，他往往不会感到疲劳。但是，为了防止孩子过度劳累，老师们喜欢每过一段时间就打断孩子，让他去做别的事情或者休息一下，这样反而让孩子失去了兴趣，并且感到疲累。

大多师范学校毕业的老师都会有这样固执的偏见，他们认为每过45分钟，就应该让孩子们休息一下，其实这种做法是错误的。

在教育学上，人们遵循的是人类的逻辑，然而，大自然却有它自己的逻辑和法则。在人类的逻辑中，心智活动和身体活动是两件不相关的事情。

人们认为，进行心智活动时就应该安安静静地坐在教室里；而进行身体活动时，就应该放下跟心智活动有关的事情。这无异于把孩子切成了两半。

成人要求孩子在思考或学习的时候，必须安静下来。然而，孩子成长的自然规律表明：孩子如果不能使用自己的双手，那他就无法正常地思考，或者他必须像希腊那些游走四方的哲学家一样，一边不停地走动一边思考。孩子的动作与思维是同时进行的。

我们会努力帮助儿童之家的老师摆脱各种偏见，这也是我们最大的成就。在很大程度上，这些老师都已经成功地摆脱偏见了。

如果老师没有受到太多传统的训练，而且其教育方式还有完善的可能，这就非常值得期待了，因为这正是教育实验所需要的理想条件。

当然，新老师还是要了解一些基本情况的。在我的第一所儿童之家里，我的助理是公寓管理员的女儿，她也成了孩子们的老师。我告诉她，在给孩子们示范了如何使用教具之后，就必须走开，让孩子们自己进行接下来的操作。

这位老师并没有受过良好的教育，但是她严格地执行了我的要求。她对那些孩子们的优异表现感到非常吃惊，甚至觉得难以置信。

在这位老师看来，是天使或者神灵帮助孩子们完成了这些事情。有一次，她跑过来，非常震惊地对我说："夫人，昨天下午两点钟，孩子们开始写字了！"

这些孩子的字写得非常优美，仿佛真的是神灵在帮助他们，因为他们以前从来没有写过字，也不懂得阅读。

按照我的经验来看，无论老师还是保姆，都需要学会放手。他们只要为孩子准备好材料，让孩子们自己动手去做就可以了。

我们的教学法也可以说是一种"非干预教学法"，我们要让老师明白，没有必要去干涉孩子，即使他们做错了也没有关系。

判断孩子此时可能需要什么并及时提供给他，就是一个老师需要去做的，这就好比仆人认真地为主人准备好饮料然后退下，由主人随意啜饮一样。

老师在孩子们面前要学会谦卑行事，不能将自己的意愿强加给他们。同时，老师要时刻保持警惕，仔细观察孩子的情况，随时为孩子的下一步工作准备好所需要的材料。

通常生活在中下阶层的父母能更好地配合我们的教育工作。在孩子学会了写第一个字的时候，不识字的父母就会高兴地将孩子高高举起。

然而在有钱人家，当孩子学会了写字时，父母一般都表现得很冷淡，他们并不认为写字是什么很了不起的成果，甚至可能更关注学校有没有继续教授美德类的课程。

生活在富裕家庭的孩子，如果有打扫卫生的想法，就会遭到父母的反对，因为在他们看来，这是用人应该做的，孩子到学校里是为了学习，而不是为了学做这些"低贱"的工作的。

有一个出生在富有家庭的孩子，他的母亲认为年幼的他不太适合学算数，担心算数会伤害他的大脑，因此阻止了他。

出于这样的原因，这个孩子的情绪变得很复杂，一方面富裕的家境给他带来了优越感，另一方面他又因为不会算数而产生了自卑感，心智也无法得到全面的发展。

有一些其他人觉得糟糕的教育活动，却在我们的教育实验中显现出了较高的价值，因为这些活动不仅有益于孩子的成长，还会对孩子的父母产生影响。

在我们最早创立的儿童之家里，孩子们经过了家务活的相关练习，回家之后，他们就会告诉父母要爱干净，还会跟妈妈说，衣服上不能有污点。

一段时间之后，孩子们父母的衣服也变得干净整洁了，有的父母还想学习阅读和写字了。就好像我们手里拿着一支魔杖，并用它施展了魔法一样，当孩子们学会了某些技能后，整个社区的氛围也因为孩子的成长而发生了改变。

提供
最自然的环境

成年人必须重视培养孩子的社会能力，并且鼓励他们多和同伴相处。

生物学早已证实，环境会对生物的成长产生重要的影响。进化论也曾提到，物种的繁衍、生物的形态都与环境的影响密不可分，环境会促使生物发生改变或变异。

昆虫学家法布尔曾对昆虫的生存环境进行了研究，这也让我们更深入地了解到昆虫的成长过程。通过生物学研究我们知道，要想对生物了解得更加全面透彻，就必须在自然环境下进行观察和研究。

通过研究人类与环境之间的关系，我们发现，其实并非人类适应了环境，而是人类创造了一个适宜自己生存的环境。

在人类生存的社会环境中，人们的生活受到了一些重要的精神力量的影响，这些精神力量会帮助我们获得各种社会人际关系。

人如果无法适应周围的环境，就不能很好地发挥自己的潜能，甚至可能连正确地了解自己都很困难。

新的教育学理论有一个重要观点：**成年人必须重视培养孩子的社会能力，并且鼓励他们多和同伴相处。**

但是问题在于，我们很难找到一个适宜孩子成长的生活环境。孩子所处的世界是成年人的世界，生活在这个世界中不利于孩子的成长，他们的人格发展会因此受到不良的影响。

例如，在这个生活环境中，没有什么物品的尺寸是与孩子的身材比例协调的，两者之间差距悬殊，因此孩子很难顺利地使用这些物品，更无法利用这些物品帮助其自然发展。

由此可见，孩子们其实生活在一个失调的环境中，这里的"失调"不单单是指物品尺寸的差别，更严重的是，孩子无法在这样的环境中自如地进行各种创造性的活动。

这就好比一个技艺高超的杂技家，他的动作必然是灵活敏捷的，当他看见别人模仿他时笨拙的模样后，一定会觉得别人是不自量力。在他看来，自己的高超技艺是任何人都模仿不来的，如果别人尝试着学习他的动作，他也许会因此而感到不耐烦。而大人对待孩子的态度，就跟这位杂技家是一样的。

在此，我想告诉每一位妈妈，就让你的孩子遵从自己的喜好行事吧，无论是梳洗、换衣服还是吃东西，都让孩子自己来决定。

如果我们能够重返孩提时代，并且生活在自己给孩子准备的环境中，哪怕只生活一天，我们也一定会感到非常痛苦。我们会像孩子一样发出反抗的声明："不要管我！"并且会因此耗费大量的精力为自己的行为辩护。我们甚至还会因为无法实现自我意志而像孩子那样哭泣。

但是有许多母亲曾经向我抱怨："我家孩子真令人烦躁，早上不起床，中午也不睡觉，还总是跟我说'不要，不要'。小孩子为什么会整天这个样子呢？唉！"

其实如果父母能在家中为孩子创造一个适宜他的环境，为孩子准备与其身体比例相符的物品，孩子的精力就能得到很好的释放，心理就可以得到健康的发展。如此一来，孩子就会变得自由而快乐了。

这样一来，大部分问题就会迎刃而解。从此以后，孩子们拥有了属于自己的环境，也可以自如地进行自我创造了。

有一点我们可以确定，那就是环境是否优美、舒适会严重影响孩子的学习活动。如果环境优美、舒适，孩子就会主动在这个环境中去探索、发现；但是如果环境恶劣，孩子就不会有好的表现了。

在环境的好坏上，孩子的直觉是非常敏锐的。有一天，美国旧金山蒙台梭利学校的一个小女孩去参观了一所公立学校，刚一走进教室，她就发现桌椅上满是灰尘。

小女孩对这所公立学校的老师说："老师，你知道为什么你们这里的孩子不肯打扫教室而要让教室这么脏乱吗？因为他们没有漂亮的抹布。假如没有漂亮的抹布，我也一样不想打扫卫生。"

蒙台梭利学校的孩子学会了观察和感知环境，知道了保持环境整洁，长久坚持下去，他们就会养成讲卫生的良好习惯，而且也会让他们周围的物品都保持干净整洁。

有许多人建议我在孩子们的桌椅脚下粘上一层塑料防滑垫，

这样桌椅移动时就不会发出噪声。但是我认为，通过桌椅移动时发出的噪声，孩子们可以了解动作粗鲁所带来的后果，也会因此学会轻柔地移动物品了。

孩子在活动中往往会显得没有章法、不遵守秩序，这是因为孩子与成年人不一样，他们的肌肉还没有完全发育好，不能随心所欲地控制自己的行为。

在我们儿童之家，如果孩子因为动作粗鲁而导致桌椅发出了噪声，这也是在提醒他们：要小心自己的动作。

在我们的学校中，有不少玻璃器具、花瓶和碗盘之类的物品。也许大家会有这样的疑惑：为什么让小孩子用这些易碎的物品呢？如果把这些物品交到三四岁的小孩子手里，肯定会被打碎的。

有这种想法的人，往往将几片玻璃看得比孩子的成长还重要。难道孩子的行为训练不比这些廉价的器具更重要、更有价值吗？

事实上，一个生活在真正属于自己的环境中的孩子，必然会努力注意和控制自己的言行举止。而且即使没有外部的激励，孩子也会按照环境来完善自己的行为。

我们既能在孩子们的脸上看到他们的愉悦和骄傲，也能看到他们难以言喻的认真。这些都表明了孩子改善自己行为的能力是与生俱来的，他们也非常乐意这样去做。

实际上，对于一个3岁的孩子来说，他的人生道路上只有自我成长。我们必须要拼尽全力帮助孩子去完善自我，这样才能让他日后成为一个有用的人。

所以，我们要为孩子提供适宜的环境和机会，以方便他们练习那些必须得学会的事情，因为我们所说的孩子的成长和发展，需要在良好的环境中通过不断练习而得来。

我觉得实行新式教育，不仅要改变教师的职能，也要改变学校的环境。如果仅仅在普通学校里引用"新式教材"，是无法彻底地进行教育革新的。

学校应该是孩子可以自由生活的场所，在这里，孩子可以享有精神上的自由，使他的身心都在最好的条件下发展。

学校必须引进生理卫生学来提高孩子的生活质量，还要普及和改革孩子的服装，让他们穿上整洁、简朴且方便活动的衣服，而且一定要让他们学会自己穿戴。

此外，还要在学校里普及幼儿卫生学中相关的营养知识，这也是一项重要的改革。

上面这些教育改革对于像儿童之家这样设在居民楼里的学校来说非常合适。家庭和学校更近，就能更好地配合起来，一起给孩子更好的教育。

在这样的学校里，我们也会对房间进行一些特殊的布置。

例如，依照心理卫生学的要求，我们将扩大教室的面积；依据孩子生理上的呼吸需求，我们将按照计算结果来保证自由流通所需要的空气量以及物理空间；窗户最好也改得更加宽大，以便更多的阳光照射进来。

同时，我们还要扩大厕所的面积，并且配备洗澡间，使用混凝土地板，装上方便清洁的护壁板以及中央暖气系统。

学校会设立食堂，以便给孩子们供应食物；也会开辟花园，在教室建造宽敞的阳台。除此之外还会建造体育馆，体育馆会有一个宽敞的大厅以及各种结构复杂、价格昂贵的体育设施与设备。

课桌椅要选择那种比较复杂的、可以旋转的，防止孩子因为长时间保持单一姿势而造成身体畸形。

综上所述，学校的布置一定要符合心理卫生学的标准，虽然这样会增加成本，却能为孩子们提供更广阔、更自由的活动空间。

不仅如此，我们还要给孩子提供有"物理教室"两倍大的"心理教室"，换句话说，就是让孩子的心灵有更大的活动空间。只有以上这些都做到了，我们的学校才算达到了完美的理想状态。

按照以往的经验，如果想让孩子们在心理上感觉舒适，至少要让教室的地面有一半是空置的，空置处不能放任何物品，为的是让孩子们能够自由地参与他们感兴趣的活动。

身处这样自由宽大的空间中，孩子们会感到更快乐。这个地方对于孩子们来说，一定比一个塞满家具的狭小空间要舒适得多。

家具的问题也不容忽视。在儿童之家，我们会选择一些相对简单、轻便实用的家具。

首先，家具一定要清洗起来很方便，这一点对于孩子来说非常重要。因为一方面我们可以让孩子们学会保持整洁，另一方面也更方便他们进行既愉快又富有教育意义的清洁练习。

我们所说的"轻便"，是要从根本上达到艺术美的程度。它不能是臃肿的或者奢华的，而是将典雅、和谐与简便、整洁融为一体。

在位于波利戴洛乡村的儿童之家里，我们准备的桌椅、餐具柜、陶器、纺织品以及其他装饰品等，都呈现出了古老的乡村艺术风格，看上去既简单淳朴，又优雅自然，同时兼具了美观和大方。

有时我觉得，假如这种古老的乡村艺术普及开来，也许会成为一种新时尚。

而且我们最好能按照这种风格去制造简便、典雅的家具，来代替现在学校里使用的那些繁杂、笨重又昂贵的家具，这样的家具一方面实用性强，另一方面又能够体现人类的个性精神。

按照这样的想法，如果我们试着去挖掘曾在意大利各地流行过的乡村艺术，必定会有所发现。结合这样的乡村艺术所制造出来的家具，必然是品类丰富且各具特色的，一定能在各地受到欢迎并推广开来。

这样做既能提高我们的鉴赏力，又能促使我们改变一些不良的习惯，最重要的是，它能启发人们引入一种全新的教育模式。

对于孩子来说，目前的生存环境非常丑陋且黑暗，人性化的艺术可以让孩子摆脱当前这种生存环境。

孩子们一进卫生所就会感到害怕，因为卫生所的墙壁完全没有装饰，家具也都是白色的，给人一种非常寒冷的感觉。

夸张一点儿说，学校就像坟墓：墙壁是灰色的，没有任何装饰；黑色的课桌椅就像灵柩，一行行地排列着。学校之所以选择灰色和黑色，是因为即使墙壁和课桌椅被孩子们弄脏了，也很难被看出来。

教室里除了黑色的课桌椅以及光秃秃的如太平间般简陋的墙壁以外，其他物品都因为害怕分散孩子们的注意力而被拿走了。大家都说，这样做是为了让孩子们可以专心学习。

由此可见，人们这样布置孩子们的教室，实在是用心良苦，目的是想让孩子们在听课时能够集中注意力。

其实，孩子如果真的被自己的兴趣吸引了，其他装饰品是无法分散他的注意力的。更何况优美的环境不仅有利于孩子集中注意力，还能够让孩子放松疲惫的身心。

环境优美的地方才是适合人类生活的地方，因此，我们的学校必须建成一个"实验室"，孩子们不仅可以在这里看到各种美的东西，还可以观察人类的生活。

综上所述，孩子使用的器具、桌椅等，都要以轻巧、方便移动为原则。最重要的一点是，它们必须具有教育性。因此，我们为孩子们准备了瓷碗、瓷板、玻璃杯、玻璃吸管等容易被打碎的器具，孩子们一旦打碎了这些器具，地上的碎片就会警告孩子们，他们的动作太粗鲁了，以后做事情的时候要更小心一点儿。

如此一来，通过这些器具就能指引孩子们改正自己不恰当的行为，让他们明白行事要谨慎、行为要规范，学会不再碰撞、打翻或者摔碎这些物品了。孩子们的行为会在这些器具的"教导"下变得越来越文明。渐渐地，他们会像主人一样充满责任心，尽力去保护和管理各种器具。

同时，孩子们也会养成爱惜物品的良好习惯，谨慎地使用其他干净、美丽的物品，避免弄脏或者破坏它们。经过这样的行为训练之后，孩子们会变得更完美，他们的动作会更加协调、文明而优雅，行动也会变得更加灵活与自由。

我们常常让孩子们欣赏宁静优美的音乐，在这样的训练和熏陶之下，他们就会对噪音产生厌恶，学会约束自己的行为，不随便和他人发生争吵，也会控制自己不制造令人厌恶的噪音。

然而，一般的学校使用的都是沉重且牢固的黑色课桌，即使是强壮有力的搬运工人，想要移动它们也很困难。这种课桌哪怕被孩子们撞过无数次也不会破损，或者被孩子们画下再多墨痕也无法看到脏污的痕迹。金属盘也是如此，即使孩子们无数次将其丢在地上，它们也不会被摔坏。

对于学校来说，这样当然更方便管理，但是却不能让孩子们发觉和认识到自己的行为缺陷，因为发现不了自己的过错，所以也就不可能纠正自己的错误行为。

　　人们普遍接受了孩子需要运动这条重要的卫生原则。所谓"自由的孩子"，通常是指可以自由运动的孩子，例如可以自由地跑动和蹦跳等。

　　现在，在人们坚持不懈的努力之下，妈妈们基本上都愿意听取儿科医生的意见，允许孩子在室外进行自由活动和玩耍。而且我们也明白了，假如让孩子待在一个狭小的空间里，他就很容易因为这种限制或阻碍而发生暴力行为，孩子要想在这样的环境里进行有序的玩耍，是非常艰难的。

　　人们谈论孩子在学校里的自由时，一般会觉得自由是指孩子们在学校做任何他们想做的事情都不被限制，甚至包括跳上课桌或者疯狂地撞击墙壁之类的危险动作。

　　其实这个看法是错误的。心理卫生学上的"自由运动"，不仅仅是身体上的自由，身体自由只是很初始的一种状态。

　　关于如何给孩子自由，我们可以借助一只小狗或小猫的活动来做个类比，小狗和小猫在公园里或者在广阔的田野中都可以自由地跑跳，孩子们也应该如此。

　　假如我们认为"自由就是指身体的自由"，并且这样对待小鸟，我们就会按照这个观点做出自认为对小鸟有利的安排。例如，我们会在笼子里为小鸟装一根树枝，这样小鸟就能够在树枝上自由地跳跃了。然而，无论我们为笼子里的小鸟做了什么精心的安排，它都不能感受到幸福。因为对于小鸟而言，真正的自由是可以在广袤无垠的天空中自由自在地飞翔。

我们必须为小鸟或者其他动物提供适宜的环境，以便让它们自由地运动或活动。对于孩子而言，同样也需要为其准备类似的自由环境。

我们观察之后发现，如果让孩子自由地进行练习，他也许会变得不耐烦，会因此而吵闹或者哭泣，但是大一点儿的孩子却更乐意去做一些新鲜奇特的事情。

孩子们无法接受单纯为了行走而行走、为了跑步而跑步，他们甚至可能因此感受到屈辱，这样的练习对他们来说是不具有任何趣味性的。

然而，如果任凭孩子自己活动，对其任何行为都不加过问，是无法获得一个好的效果的，同样也不利于孩子的发展。这样做的唯一优点是能够促进孩子的消化和生长发育，但是这样的优点对于其弊端来说完全不值得一提。

在过度自由的活动中，孩子们可能会变得野蛮无礼，他们会渐渐养成一些失礼、蛮横甚至是危险的行为习惯。

因为孩子们并不像小猫，他们无法通过自由活动获得优美感人的行为，也无法借助自然的跑跳来让自己的行为更完善。

那些可以让小猫得以发展的活动，并不能在孩子们的身上获得同样的效果。因为在人类孩子的基因中，没有一种本能或者冲动，是可以让他的动作变得优雅、行为变得完善的。

这就表明，孩子的本性与小猫是不同的，他们自由活动的形式也是不同的。

如果运动本身包含很少的智力因素，整个过程中又没有人对孩子做出恰当的指导，那孩子就很难不对运动产生厌倦。

试着想象一下，假如我们成年人被迫去做一些"毫无目的的行为"，我们会容易对此产生特别空虚、无聊的感觉，孩子们也不例外。

历史上曾经存在一种刑罚，其方式如下：奴隶被逼迫在地上挖出很深的坑，接着又要求他们对刚挖出的坑进行填埋。奴隶感觉在做一件没有任何意义的事情，因此就感到了厌倦和痛苦。

通过以往科学家对人的疲劳进行的实验，我们得知，从事与智力相关的工作的人比从事无意义工作的人，显得更有精神，也更不容易感到疲劳。

有些医生在此基础上提出建议：患有神经衰弱的病人若想治愈，不应该通过"户外锻炼"来进行治疗，而是应该通过"户外工作"来进行。

弄明白二者之间的区别很重要，户外工作是有目的而进行的，户外锻炼却只是一种毫无目的的持续的活动。

例如，打扫地面、清洁桌椅、洗衣刷鞋、铺上地毯等工作，都只是为了保护自己的财物，而技工的工作则大有不同，技工是需要通过智力去生产产品的。

换句话说，一般的清洁工作只是一种简单的劳作方式，只需要做一些简单重复的动作，无须过多的智力活动。而技工的工作是需要智力的，是一种生产性的活动，包含了一连串与感觉有关的复杂的肌肉运动。

对于孩子来说，同样也能通过做一些类似的简单的生产性活动来训练和提高自我，同时也能让自己的动作变得更加协调。

为了让孩子能够进行这样的活动，我们就必须为他们创造一个适宜的环境，以便他们能在这样的环境下自由地发挥模仿和活动的本能。

孩子们生活的环境中所配备的物品、器具和设施，需要和孩子的身高、力量、能力大小成比例。

例如，家具要轻巧易移动；柜子必须是孩子可以够得着的高度、底部还要带上小脚轮；锁具应该方便孩子使用；门要轻便、易于开关；房间的墙壁上要钉一些比较柔软的衣架，且衣架的位置要低一些；刷子要小巧以便让孩子的手易于抓握；肥皂和脸盆要选择适合孩子使用的大小；扫帚得准备圆柄的而且要轻巧；衣服要准备穿脱都方便的，等等。

这些就是我们所说的可以激励孩子自由活动的环境，在这样的环境中，孩子活动时不容易感到疲劳，动作也可以慢慢地变得完善和协调，行为也会变得更加优雅和灵活。

在能够自由活动的环境中，孩子更容易进行自我训练，这样的环境可以促进孩子追求更大的自我发展，这不仅是让孩子成长为"人"的重要条件，也是让孩子形成独特人格的重要条件。

可以自由活动的孩子们在相处的过程中会慢慢形成社会意

识。如果孩子的生活环境是安全可控的，他就会对自己所做的一切感到满足，意识也会得到提升。

在形成自己人格的过程中，孩子会渐渐培养出持之以恒的意志和克尽己任的品质，并通过小心谨慎地完成各种任务来获得理性的快乐。

只要环境适宜，孩子就会心甘情愿并持之以恒地进行活动，他们的心理会在持续的工作中更加完善，他们的生理也会逐渐发育健全。

在孩子生长发育的过程中，孩子会通过工作让自己变得更好，与此同时，我们成年人应该做些什么呢？

通常成年人会竭尽全力地帮助孩子做事，但往往正是这种帮助阻碍了孩子的自然发展。

的确，因为孩子好动，动作也许会比较粗鲁。然而，哪怕教室中的桌椅没有被固定起来，孩子们也不会为了得到发展机会而故意破坏桌椅。固定的课桌椅虽然看上去比较整齐，但是这样一来，孩子们永远也无法让自己学会行动有序了。

当然，让孩子们使用不会被摔坏的铁碗或铁盘也是可以的，但是这样的话，他们反而有可能经常把碗盘丢在地上，根本学不会珍惜物品。

这样的做法只是自欺欺人而已，遮掩了真正的问题。孩子们并不会停止犯错，成年人的做法只会成为孩子自然发展的巨大阻碍。

一个喜欢自己动手的孩子，会充满活力且富有合作精神。但是成年人一旦发现孩子遇到了困难，往往就会立刻介入进来，帮助孩子解决问题。

成年人总是会干涉孩子的想法，不论孩子准备做什么，他们好像一直都在否定孩子："你要自己梳洗吗？要自己穿衣服吗？不要在这些事情上努力了，我可以给你帮助，可以为你做任何事情。"

一个被成年人剥夺了自主权的孩子，与人相处时往往会有不少麻烦，但是大人们把这种麻烦当成是孩子的不乖和任性，反而认为剥夺孩子的自主权是在帮助孩子，是为了孩子好。

认真回想一下，孩子是如何度过他们刚出生的那几年的。他们总是受到各种限制，不可以随便动用家里的物品，这样一来，他们就失去了练习控制自己的身体的机会，也失去了学习使用日常生活用品的机会。

成年人往往剥夺了孩子们累积生活经验的机会，这样一来，孩子们的成长发育就受到了不良的影响。

有些孩子好像没有人能够将他们教育好，他们总是焦躁不安、闷闷不乐，不肯听从父母的教导。面对这样的孩子，父母只能选择不再干涉他们，让他们自由行动。

有人会认为这样的父母是对孩子有包容心的好父母，他们对于孩子日复一日任性的行为报以宽容的态度。然而，这样的做法对孩子来说真的好吗？如果大家认为这样是好的，那么就没有真正理解好的标准。

容忍孩子犯错误并不是真正的好，真正的好是要努力引导孩子改正错误。**尽力为孩子提供适宜他们成长的环境，让孩子自然成长。对于孩子来说，这样才是给了他们真正的爱。**

我们必须明白，孩子还不够强大，还没有掌握很多必要的技能，我们必须为其提供有利的帮助。

如果我们在一个属于孩子的环境中去观察他们的行为反应，就会发现，为了让事情变得更好，孩子总是会自觉地为此而努力着。

一种环境对于孩子来说是否合适，我们可以通过孩子选择的物品来确定，环境是否合适也影响到了孩子能否利用这些物品发现自己的错误。

如果是这样的话，我们应该为孩子做些什么呢？

什么也不用做。

我们为孩子创造了适合他们的环境之后，唯一要做的就是克制自己帮助孩子的想法和冲动，我们只需要在旁边安静地观察，与他们保持适当的距离就可以了。我们不去打扰孩子，但是也并不意味着完全放任自流，不去管他。

如果孩子开始做一件对他来说非常重要的事情时，就会安静下来并且沉迷其中。因此，除了观察以外，我们什么都别做。

我创立蒙台梭利学校的原因就在于此。与普通学校正好相反，在我们学校，老师只是担当观察者的角色，孩子们通常都会自觉地完成自己的任务。

普通学校里的老师常常处于主动的位置，孩子则是被动的。可是，为了孩子的成长发展，老师应该只是在一旁观察。

这让我想起曾经发生在我们学校的一件趣事。有一次，工作人员忘了打开学校的大门，孩子们因此不能进入学校了。老师让孩子们从窗户爬了进去，但是她自己却只能继续待在校门外。后来，孩子们听从了老师的安排，一个接一个地从窗户爬进了教室，并自觉地开始了学习。

因此，我们必须为孩子创造一个适宜的环境，以便让孩子得到提高能力的机会。同时，我们也要求老师暂时离开这个环境，只是私下观察孩子。创造出这种环境，在教育上来说是一个很大的进步。

孩子
需要自由

尽量把孩子的一切都留给自然，孩子越是能最大限度地在自然规律的支配下成长发育，越是能形成更加协调的身体比例，身心发展也会越健全。

很多好心人建议我，让我在原来的幼儿教育法基础上继续展开研究，以便对7岁以上的孩子也实施新式教育法。

事实上，这些人只是在怀疑我提出的教育法是否能应用在这一年龄段的孩子身上，他们主要的怀疑点是德育。

这种怀疑是没有任何根据的。难道孩子就不需要尊重他人的意愿吗？难道孩子就不可以自告奋勇地去执行一项必须完成的任务吗？难道孩子就不能具备自我牺牲的精神吗？

为了帮助6岁以上的孩子进行智力训练，有些人设计了很多奇怪的算术表和语法规则。有人问我："你是要摒弃这些算术和语法，还是打算让孩子屈服于这些必修课呢？"

这些争论的焦点主要集中在我所谓的"自由"上。我相信，这种"自由"是教育体系中至关重要的一部分，我们必须认真对待它。

我明白，我们很难针对这些问题去给出一个直截了当且令人信服的答案。因为即使是那些已经确信无疑的事实，也很难避免争议的发生。

我可以列举一些事例来阐述我的看法。

例如，虽然大家都认为以前对待婴儿的某些方式已经过时了，但仍然有许多人在使用这些落后的方法，并且对此习以为常。

以前，人们会把婴儿的腿捆起来，避免他们有罗圈腿；还会将婴儿的舌系带剪开，以便他们轻松地学会说话；人们还会给婴儿戴上帽子，这样他们的耳朵就不会凸出来；还会格外注意婴儿躺着的姿势，避免他们柔软的颅骨变形。

有的妈妈经常会将一将或捏一捏婴儿的小鼻子，希望这样做可以让婴儿的鼻子变得又挺又长。

有些妈妈在孩子出生后不久，就会给孩子的耳垂带上一对小金耳环，因为她们觉得这样能够改善孩子的视力。

现在，很多国家已经放弃了这些做法，但还有一些国家仍在延续这样的做法。

另外，妈妈一般都会帮助孩子学习走路，有的妈妈甚至在孩子刚出生几个月后就开始不停地教他走路。这些妈妈会亲手扶着婴儿柔弱的小身躯，用饱含期望和好奇的眼光看着婴儿的小脚没有目的地移动。令人觉得好笑的是，这些妈妈竟然真的以为她们的孩子已经在学走路了。

事实上，刚出生几个月的婴儿，神经系统尚未发育完全，他们此时做的动作是不可能协调的。只有当婴儿的足弓慢慢发育成型后，才会试着在妈妈的扶持下挪动双脚。妈妈并不知道这一点，反而觉得是自己的认真教导才让婴儿在走路方面获得了进步。

此时的婴儿刚刚具有一点儿运动能力，还没有掌握平衡的能力，没有办法自己站立起来。于是，有些妈妈用带子将婴儿的身体提起来，试图牵引着他向前行走。

有时候，有些妈妈会准备一种底部宽大、顶部狭小的竹篮，这个竹篮与学步车类似。妈妈们会将婴儿放到竹篮里，以防止婴儿翻倒。

婴儿的身体被捆绑在竹篮中，手臂被放在竹篮外面，人则倚靠在竹篮的边缘，整个身体的重量就靠竹篮的上半部来支撑。

在这个竹篮里面，虽然婴儿还无法做到真正的站立，却能够依靠竹篮向前移动双腿了，在妈妈看来，婴儿就是在学走路了。

成年人给婴儿准备的作为辅助的支撑物，类似于残疾人用来支撑身体的拐杖一样。如果婴儿了依靠这种竹篮来移动身体，一旦将竹篮拿走，他们就特别容易摔倒。

假如我们可以用科学的方法来育儿，那么这个科学育儿法一定会给整个社会带来深远的影响。

在此我要说明的是，科学一定不会教我们如何让婴儿的鼻子挺起来或者耳朵立起来，也一定不会教我们如何让婴儿一出生就学会走路。

决定婴儿鼻子和耳朵形状的是自然规律。即使不剪断舌系带，婴儿也可以学会说话。婴儿的腿会随着年龄的增长而自然变直，也会逐渐拥有行走的能力。在这些方面，我们最好不要人为地进行干预。

我们必须遵循这样的原则：尽量把孩子的一切都留给自然，孩子越是能最大限度地在自然规律的支配下成长发育，越是能形成更加协调的身体比例，身心发展也会越健全。

因此，我提议去除对婴儿的各种束缚，让婴儿自由地发展，并且给予他们最大限度的安宁。

我们要让婴儿的双腿保持完全放松、自由舒展的状态。时机尚未成熟的时候，不要强迫婴儿走路，时机一到，婴儿就会自然而然地学会站立和行走。

值得庆幸的是，现在大部分妈妈已经接受了这一点，因此她们慢慢地抛弃了绑带、布袋、篮子之类束缚孩子的工具。

这样做会带来什么样的结果呢？我们可以看到：婴儿的腿比以前长得更直了，走路也比以前更灵活了。这个事实令人感到欣慰。

曾经我们始终认为只有通过大人的精心照顾，婴儿的双腿、鼻子、耳朵和头型才能长得更好。我们也曾经为了孩子的身体发育而忧心忡忡，甚至觉得自己背负了重担，可能无法完成这样的任务。

对此，我想说的是："大自然会考虑这些问题的，我们只要让孩子自由成长就可以了。我们只需要做一个旁观者，静静地等待孩子们奇迹般地健康成长就足够了。"

类似的情形也出现在孩子的心灵成长方面。过去我们认为，我们能够而且必须在人格形成和智力发展上帮助孩子，也必须教他们学会表达情感。

为此我们甚至经常会感到忧虑：究竟怎么样才能帮助孩子发展这些能力呢？难道我们也要像捏鼻子或用带子捆束孩子的身体一样，用类似的方法束缚孩子的心灵吗？

事实上，孩子的性格、智力、情感等方面的成长与身体是同步进行的，并且它们也会自然地发展。如果我们没有这种认知的话，就容易阻碍孩子的成长。

我们要明确的是，我们没有创造出孩子的身体，也没有创造出孩子的心灵，只有自然才是孩子身心的掌控者。

我们必须相信这一点，并且要遵循"不为孩子的自然发展设置障碍"这条基本原则。

对于很多问题，我们不能孤立地看待和解决，也就是说，我们不能单方面地讨论什么因素对孩子的人格、智力和情感的发展最有利。

要想找出教育孩子的基础，只要弄清楚应该怎样给孩子自由就可以了。然后我们可以在这个基础上，设计出一套科学有效的育儿方案，帮助孩子更好地成长。

只有在自由的环境中，孩子的头、鼻子、耳朵才能达到最完美的发育状态，他们才能获得最完美的行动能力。也只有自由，才能让他们的性格、智力和情感得到最大程度的发展。

自由发展原则还要求我们，面对孩子成长过程中的各种奇迹要保持平和的心态。这样的自由原则可以将我们从那些由虚构的责任所带来的痛苦中解放出来。

成年人的不幸在于，那些让我们不堪重负的所谓"责任"，其实与我们无关，然而我们却还在自欺欺人地认为孩子们需要得到我们的帮助才能完善各种能力。事实上，孩子的各种能力都是他们自己独立完善的！

当明白了这个道理之后，我们就会为此感到焦虑，后悔自己成了孩子成长的绊脚石，并且抱怨自己为什么这么愚蠢。

尽管如此，成年人也不愿意就此罢休，还会思考其他更深刻的问题：我们真正的使命和责任是什么？假如我们以前所做的一切都是自欺欺人，那么怎样才能真正地对孩子负责？我们是犯了渎职罪吗？我们又该承担什么样的罪责呢？

我们可以从科学改善孩子身体健康的历史中得到一些启示。

卫生学在这一方面做出了巨大的贡献，它的努力方向是正确的，它没有将自己局限在人体解剖学的范围，相反，它不仅让我们对人的身体发展有了一定的认知，还让我们认识到身体的发展是很自然的。

婴儿过得幸福与否，关键并不在于他的体型是否完美，真正需要科学重点研究的问题是令人惊讶的超高的婴儿死亡率。

疾病在不断影响着婴儿的身心健康，那么多人只考虑到了婴儿的鼻子和腿的形状，却没多少人关注婴儿的高死亡率，这实在让人匪夷所思。

也许很多人都听到过这样的对话："我生育过九个孩子，看护孩子的经验很丰富。""有几个孩子活下来了？""两个。"

面对如此低的成活率，竟然还自以为育儿经验丰富，实在是太可笑了。

通过各种报道我们发现，婴儿的高死亡率不止出现在一个或几个国家，而是整个人类社会都面临的严重问题。

婴儿的高死亡率主要有两方面的原因：一是婴儿本身就很脆弱，二是人们没有保护好脆弱的婴儿。

之所以发生这样的状况，原因并不在于人们不想好好地保护婴儿，也不是因为父母不爱孩子，而是因为人们在婴儿容易死亡这一点上太无知了，他们并没有意识到这种危险。

据我所知，目前对婴儿危害最大的是传染病，尤其是内脏器官方面的传染病，这差不多成了导致婴儿死亡的最主要原因。

如果照顾不周的话，比如照顾婴儿的人缺乏保健常识，没有给婴儿科学合理的膳食，这种疾病还会继续加重。例如，他们从不清洗尿布，而是反复晒干又重复使用，这就导致包裹婴儿的尿布变得特别脏。

有些妈妈从不注意清洁自己的乳房和婴儿的口腔，这样一来婴儿的口腔内就会滋生细菌，因此就会导致婴儿口腔发炎。

也有很多妈妈从来不会规律地给婴儿喂奶，只要婴儿一哭，不管是白天还是夜晚，她们都只会让尝试让婴儿喝奶，而不会去弄清楚婴儿哭泣的真正原因。

如果婴儿因为消化不良引起疼痛而哇哇大哭的话，有些妈妈以为是因为孩子饿了，于是频繁地给婴儿喂奶。这样做只会让婴儿的病越来越严重。

大部分人都见过这样的情景：妈妈抱着因为发烧而哭闹的婴儿，为了让婴儿安静下来，有时会将乳头一直插在婴儿的嘴里，即使婴儿已经不想喝奶了。

也许，我们既能感受到这位妈妈的自我牺牲精神，也能感受到她的烦恼，然而最重要的是要帮助这样的妈妈学到更多的育儿知识。

科学在这些方面给我们提供了一些有益的指导原则，要求人们在育儿时要讲卫生。例如，婴儿哪怕再小，也必须像成年人那样有规律地进食；婴儿需要完全消化了上次吃的食物之后，再吃新鲜的食物；要按照婴儿的年龄和生理状况来调节饮食；两次哺乳要间隔数小时。

为了让孩子不再哭泣，有些妈妈常常会给孩子吃干面包，尤其是生活在底层社会的妈妈，但是这样做是不行的。

不要让婴儿吃干面包，因为婴儿可能无法消化它，吃下去之后可能会导致消化不良，甚至引发疾病。

但是，有一个令妈妈们头疼的问题：面对孩子的苦恼，我们究竟应该怎么做呢？

其实，在很多时候，孩子哭了一段时间之后就会停下来了。

我们甚至会注意到，即使是只有1岁大的婴儿，如果每2个小时喂食一次，在间隔期内也会表现得很安静、很健康。他们脸蛋红润，明亮的眼睛睁得大大的。他们是那么安静，仿佛世界在那一瞬间静止了。

婴儿哭闹的原因究竟是什么呢？实际上，他们是通过哭闹来表达自己的痛苦和不满，然而成年人对此却无计可施。这些婴儿也只能被继续包裹在襁褓中，由一个不懂孩子心思、毫无育儿能力的人去照顾。

是科学拯救了孩子，为他们创造了保育室、摇篮以及合身的衣服，也给断奶后的婴儿提供了安全卫生的食物以及各种营养品。

总之，科学为孩子们创造了一个全新的世界，这是一个清新的、充满欢乐的世界。孩子们在这里为自己赢得了生存权。而这些都与卫生学的传播紧密相连。

与此同时我们也应该清楚，孩子也需要心灵上的自由，我们必须把塑造孩子心灵的重任交给大自然，因为相比成年人，大自然做得更好。但是，这并不是说我们可以忽视孩子的心灵发展，或者任由孩子的心灵发展。

认真观察我们所做的事情就会发现，虽然我们不能直接塑造孩子的人格、智力和情感，但也绝不能对此置之不理，那样会让孩子的心灵变得扭曲。

总的来说，自由并非听之任之，也不是放弃父母的职责，而是在遵循自由原则的基础上，寻求积极有效地照顾孩子的方法。

孩子
享有的权利

我们就应当像对待成年人一样对待孩子。在这个躁动不安的社会中，只要我们仔细观察孩子的行为就能发现，他们总是对生活满怀热情，总是充满了勃勃的生机。

　　卫生学让孩子的生理生活变得自由了，具体表现如下：取消了婴儿的束缚带，让孩子可以自由地享受户外生活，给孩子提供充足的睡眠时间等。

　　但是在我看来，这些只是让孩子获得自由的手段，想让孩子获得自由，最重要的一点是让他们在生命之初摆脱疾病和死亡的威胁。

　　一旦摆脱了疾病和死亡的威胁，不仅孩子的成活率会大幅提升，而且他们的生长发育状况也能快速地得到改善。

　　虽然卫生学可以让孩子的身高得以增长、体重得以增加，也可以让他们的外貌变得更漂亮，但是这种程度的提升远远不够，最多只是清除了一些影响孩子成长的障碍。换句话说，有些外部条件限制和妨碍了孩子的身体发展和生命的自然进化，而卫生学则帮助孩子消除了这些因素。

　　我们必须认识到孩子应该得到自由，同时也必须认识到，是否能够满足孩子的生理和生活条件与能否让孩子得到自由密切相关。

　　由于卫生护理方面的巨大进步，婴儿就如同幼苗一般得到了大人们的精心呵护。

婴儿获得了营养健康的食物、清新的空气、适宜的温度，这些方面的改善消除诱发疾病的寄生虫。现在，婴儿如同别墅里最美的玫瑰花，得到了我们最精心的照料。

长久以来，我们都会用花朵来比喻孩子，我们希望在现实中也是如此。遗憾的是，只有少数幸运的孩子才拥有这种特权。

有人呼吁"孩子也是人"，希望可以尊重孩子。但事实是，我们可以满足一株植物生长需要的条件，却无法满足孩子成长必备的条件。

当我们看到一个极度衰弱且深陷痛苦的瘫痪病人时，也许会同情地说："唉，这个人尽管还活着，却像一株植物一样，他已经失去了作为人生存下去的意义了。"因为除了这副躯壳之外，他什么都没有了。

既然孩子也是人，我们就应当像对待成年人一样对待他。在这个躁动不安的社会中，只要我们仔细观察孩子的行为就能发现，他们总是对生活满怀热情，总是充满了勃勃的生机。

我们应该将孩子视为一个社会阶层、一个劳动者阶层，因为他们也在进行着一项别具创意的劳动——创造出一个完整的人。

孩子们确实是在创造他们自己的未来。他们为了自己身心的健康成长，正在全身心投入地努力工作着。

在孩子的生命之初，妈妈为孩子做了几个月的工作，在这之后的工作就应该交由孩子亲自去完成，但是接下来的任务会更加艰辛、复杂和困难。

刚出生的婴儿几乎是一无所有的，他们唯一拥有的就是内在潜力。我们必须承认，孩子前路一定是充满荆棘的，他们必须在这样的环境中完成每一个任务。刚出生的婴儿比初生的动物更加脆弱无助，但是经过几年的磨炼之后，他们就会长大成人，加入这个复杂且有组织的社会中，成为其中的一员。

在我们这个所谓的文明社会中，一个毫无力量且没有思想的婴儿降生时，他应当拥有什么样的权利呢？让我们看一看，这个社会是如何对待婴儿的吧。

尽管已经步入21世纪，但在许多所谓的文明国家里，仍然有很多人选择孤儿院和奶妈来看管和照顾孩子。

孤儿院是什么？它就是一个禁锢孩子的监牢，就像中世纪的土牢一样。

在中世纪的土牢里，常常会有犯人悄无声息地死去。这些犯人既没有亲人，也从来没有感受过爱，甚至在死后会被删除姓名、没收财产，也许只有年长的犯人还对自己的母亲有一些印象，知道自己曾有过名字。

如果一个人的眼盲不是天生的，他还能通过追忆美丽的色彩、灿烂的阳光来得到些许安慰，然而，生活在孤儿院的孩子却连这样的盲人都不如，他们更像是天生的盲人。

即使在让人憎恶的暴政时期，被压迫者也会举起正义的大旗。当不满累积到一定程度后就会爆发革命，激发人们去争取平等的权利。

但是又有谁愿意为那些可怜的孤儿大声呐喊呢？现在我们必须面对这样一个问题：这个社会还没有意识到孤儿也是实实在在的人。

奶妈的流行是一种社会习俗和一种奢侈生活的表现。出身于中产阶级家庭的姑娘结婚时，会向未婚夫提出一些要求，例如家里需要雇用一个厨娘、一个用人以及一个奶妈。

正是因为这种需求的存在，一些出身于贫困的农村、刚生了孩子且身体强健的女人，就会为自己拥有丰满的乳房而非常得意，因为她可以因此得到一份好工作——去当奶妈。

直到现在，卫生学家和营养学家才开始责备那些因为懒惰而拒绝母乳喂养的母亲们。为了提倡母乳喂养，他们甚至把那些亲自哺乳的女王和皇后树立为榜样，鼓励其他母亲向她们学习。

他们鼓励母亲以母乳喂养为己任，原因就在于，相较于其他食物而言，母乳对婴儿的健康成长是最有利的。

尽管卫生学和营养学家给出的建议很明确，但是依然有很多母亲没有进行母乳喂养，她们仍会让奶妈喂养自己的孩子。

奶妈喂养婴儿还会带来另外一件不好的事情，就是奶妈的乳汁都用来喂养雇主家的婴儿，她自己的孩子就得不到母乳了。

母乳不是一种工业品，它是大自然的产物，是自然精心调配给每个新生命的食物。母乳是随着新生命的孕育而产生的，没有其他方法可以得到。

养奶牛的人精心地喂养奶牛，将牛奶挤给人喝，却将小牛交给了屠夫。他们很清楚，小牛被迫离开它们的母亲时是多么的痛苦。

小狗和小猫也是如此，如果母狗生下了过多的小狗而无法喂养全部时，主人就不得不丢掉一些小狗，狗妈妈也会特别伤心。

与这些被迫与自己的孩子分离的动物不同的是，奶妈自愿出售自己的乳汁，却让她的孩子无法食用母乳。

对于这种情况，我认为，只有明确规定孩子应该享有的权利，并且依靠法律的力量才能保护好这些孩子。

社会是在权利的基础上建立起来的，如果一个人偷了面包，哪怕是出于饥饿，他也是一个贼，应该受到法律的制裁，因为他这种行为是非法的。

如果一个人犯下罪行，就应该被处以刑罚，这是人尽皆知的事情。但是，很多人都在对婴儿实施犯罪行为——剥夺了本应属于他们的母乳，却没有人将这种行为当成犯罪，只将其视为一种富裕生活的表现。

对于一个婴儿来说，母亲的乳汁是最神圣的食物。婴儿如果会说话，可能会像拿破仑那样抗议："母乳是上帝赐予我的。"这无疑是一种合法的要求。

母乳是婴儿初生后拥有的唯一资本，母亲的奶水也是因为婴儿产生的，是随他一起来到这个世界的。

母乳是婴儿的财富，蕴含了所有婴儿生活、成长和生命的希望。如果一出生就被剥夺了吸食母乳的权利，这个婴儿的身体就无法变得强壮。他将来从事某项艰苦的工作时，就会感觉身体虚弱，甚至还可能会患上佝偻病。

一旦有一天，当他们长大成年并有了能力后，就会站在道德法庭上控诉母亲。

也许有人会问，如果母亲是因为疾病而不能进行母乳喂养，那该怎么办呢？对于这种情况，只能说这位母亲和她的孩子都很不幸。

但是，为什么另外一个孩子要因为这个母亲无法进行母乳喂养，就失去吸吮自己母亲乳汁的权利呢？因为他的不幸而让他人遭受痛苦显然是不公平的。

一个人再贫穷，也没有权利剥夺其他人的财富，更何况这个被掠夺的人还要靠这些财富来维生。

即使在野蛮时代，如果一个皇帝得了某种可怕的疾病，必须依靠他人的血液才能治愈，他也不能因此让健康的人为他输血，更何况现在是文明社会呢？

这就是我们有别于海盗和食人族的所在。现代社会已经承认了成年人的权利，但并不表示我们已经充分认识到孩子应该享有的权利。

当我们审视孩子的道德教育时，眼光必须再开阔一点儿。我们应该认真观察并思考，我们给孩子准备了一个怎样的世界。

难道我们希望孩子对待弱者时是毫无顾忌且粗暴无礼吗？难

道我们希望孩子与文明人交往时还是半个文明人，而与无知且受压迫的人交往时就成了半个野蛮人吗？

　　被剥夺了权利的孩子，就像手臂脱臼了一样。在脱臼的手臂复位前，他不可能让自己的道德得到进化。只有脱臼的手臂恢复原状之后，他才不用再忍受因肌肉受伤而导致的疼痛和麻痹。

　　与孩子有关的社会问题繁杂且深奥，它既是我们当前应该解决的问题，也是我们将来长期要面对的问题。

为孩子的到来
做准备

为孩子创造一个这样的
环境——所有东西的大小都
是与孩子的能力匹配的，可
以帮助孩子发展自己的能力。

直到现在，我们才为婴儿的到来做了一些准备。

认真回想一下，在品类繁多、琳琅满目的商品中，有什么是为婴儿准备的呢？这里既没有适合婴儿用的小盆、小沙发，也没有适合他们使用的小桌子、小刷子等。

一个家庭即使有很多房间，却也可能没有任何一间房是按照孩子的喜好和需求来准备的。只有富裕家庭的孩子，才可能拥有属于自己的房间，然而这个房间也有可能像是孩子的流放地。

我们来设想一下，孩子生活在这样的环境中会遭受哪些痛苦。

假设有一天，我们大人与一群巨人生活在了一起。这些巨人的腿比我们长很多，体型也比我们巨大得多，他们的运动能力是我们的千百倍，头脑也比我们敏捷很多。

我们打算进入巨人的房间，但是房间的门槛比我们的膝盖还高，我们要想爬进门去，就必须依靠巨人的帮助；我们想要坐下时，却发现椅子竟然和我们的肩膀一样高，要坐上去无比艰难；我们想清洗一下脏衣服，然而所有的刷子都非常大，我们无法握住它，也完全找不到其他办法来拿起它；我们想清理一下自己的指甲，巨人却递给了我们一把超大的刷子；我们想舒舒服服地洗个澡，澡盆却特别笨重，而我们也根本不可能端起它。

面对这些情况，巨人还会笑着对我们说："我一直期盼着你的到来呢。"那我们就可能会向他们抱怨："你们没有做好准备工作，你们可能并不想让我们在你们这里愉快地生活。"

与上面的情况类似的是，**当孩子们来到这个世界后，需要各种各样的玩具，还需要有利于其身心健康发展的环境，然而我们并没有为他们准备好这一切。**

我们只是为孩子们准备了一些类似物品微缩版的小玩具，孩子们只能拿来娱乐，却不能生活在其中。

这就好像我们成年人跟孩子开的一个大玩笑，其根本原因是没有把孩子当成一个活生生的人。孩子来到这个世界之后就会发现，他只是一个被社会愚弄的对象。

我们都知道，孩子经常会将玩具弄坏，就连那些特意为他制作的玩具，他好像也并不珍惜。但在我看来，这种破坏行为其实是孩子智力发展的表现。

孩子之所以破坏玩具，其实是想了解"这个玩具是怎么回事"。实际上，他是在玩具中寻找自己觉得有趣的东西。因为他已经对玩具的外观失去了兴趣，所以才会弄坏玩具，去探究隐藏在玩具里面的秘密。

孩子需要借助周围的环境以及其中的事物来生存，他更乐于使用属于自己的脸盆、椅子、桌子、沙发、橱柜等物品，也希望自己穿衣服、打扫地面，他们愿意用自己的亲自劳作来达到更高的智力水平，并且让自己生活得更加舒适安逸。

孩子不仅仅希望自己的行为方式看上去像个成年人，更希望能把自己塑造成真正的人。这是孩子的天性，也是孩子的使命。

我们曾在儿童之家看到过这样的孩子，他们一直表现得很愉快，做事很有耐心，为人细心，表现得沉着冷静，他们像我们所见过的最好的工人一样，也像一个非常称职的管理者。

对于孩子来说，他们自己的房间是非常方便他们行动的。

例如，挂衣服的钩子就在墙壁上较矮的地方，孩子自己就能够得着；门把手的大小正好适合孩子的小手，他刚刚好可以握住；房间里的椅子都很轻便，他可以轻轻松松地搬动，不会感到太沉。

孩子们在进行这些活动时，会感到非常轻松，并不像使用成年人用具时那样吃力。他们的动作轻松且优美，让人感觉这些活动似乎是一种享受。

因此，我们提出这样一个建议：**为孩子创造一个这样的环境——所有东西的大小都是与孩子的能力匹配的，可以帮助孩子发展自己的能力。**

孩子在这种环境中所表现出来的积极态度让我们感到惊讶，他们不仅会在这里愉快地练习，精神上也会充满着活力。

当孩子处于比较和谐的环境中时，就会像一粒根植在肥沃土壤里的种子，他会通过长时间的反复练习来生长发育。

虽然在活动时，孩子通常都是专心致志的。但因为孩子的机体组织还没有发育成熟，因此，他的动作就会比较慢，就像他因为腿短所以走得很慢一样。

我们根据直觉就能发现，孩子的生命正慢慢地从内部开始得到发展和完善，仿佛蝶蛹在茧中逐渐长大最后化茧成蝶一样。如果我们阻碍了这个过程，就等于是在用暴力摧残生命。

然而在现实生活中，我们却正是这样对待孩子的，我们会无所顾忌地阻止他们的活动，就像主人野蛮地对待毫无人权的奴隶一样。而且我们这样做的时候丝毫没有内疚感。

很多人认为，尊重孩子是一件很可笑的事。

对于这些情形，成年人已经习以为常了：如果孩子正在做自己的事，例如自己吃饭，成年人就会忍不住去喂他；当孩子努力地想要扣上衣扣时，成年人会赶紧帮助他扣上。

几乎每件孩子想要尝试的事情，成年人都会代替他去做，这样做完全没有尊重孩子。与之相反的是，如果孩子妨碍了我们的工作，我们就会非常严厉地制止他。

当我们在工作时，往往对自己权限之内的事很敏感，如果有人企图代替我们去做，我们就会觉得被冒犯了。那么请想一想，如果有一天，我们变成了那些无法沟通而又无比强壮的巨人的奴隶，我们还能做些什么呢？

当我们正在悠闲地品尝着美味的汤时，巨人却突然抢走我们手里的汤匙，强行给我们喂汤，并且要求我们用最快的速度把汤喝完，以至于我们差点儿呛到。我们会提出抗议：请您慢一点儿吧。可以肯定的是，巨人的做法给我们带来很大的困扰，这种心理压力也会损害我们的消化功能。

再比如，为了赴一个令人愉快的约会，我们正在挑选合适的衣服，此时巨人突然走了过来，强迫我们穿上他扔过来的一件外套。巨人的行为深深地伤害了我们的自尊心，穿上这件外套之后，我们已经没有赴约的愉快心情了。

我们的身体所需要的不仅仅包括喝下有营养的汤、有利于健康的步行锻炼，还包括自由地去做我们想做的事情的权利。

巨人的做法之所以会给我们带来不适和烦闷，并不是因为我们憎恶巨人，而是因为我们天性热爱自由，并且期望能在生活的各方面都拥有自由选择的权利。

对自由的热爱，让我们的生活得到了滋润，也给我们带来了幸福和健康。自由不止体现在人生的大事上，也体现在细微的行为举止之中。

曾经有位哲学家说过，人不能只靠面包活着。对年幼的孩子来说更是如此，他们需要享有更多精神文化上的自由，因为和其他年龄段的人相比，孩子进行的是更为重要的创造性的活动。

一旦成年人试图干涉孩子的生活方式、入侵孩子的生活领地，孩子就会通过斗争和反抗来捍卫自己的自由。

孩子想通过触摸物体来锻炼自己的触觉时，成年人总会毫不犹豫地制止他："不许摸！"当孩子尝试在厨房里做个小菜时，他们也会受到成年人的训斥，并被赶出厨房。

通常孩子在进行一些发展自己心智的活动时，注意力会特别

集中。他们会变得很自觉，努力去对探索那些可以促进其智力发展的物品，对于他们来说，这一刻是非常神圣的。然而成年人总是会在这些时刻粗暴地打断孩子的行动。

我们成年人有时候也会感到，在人生旅途中，我们似乎缺失了某些珍贵的东西，有时还可能会感到被欺骗、被蔑视。原因可能就在于年幼的我们在进行创造自我的重要活动时，经常被父母打断，我们的身心受到了伤害，因此我们的心理也变得不健康，甚至有了缺陷。

我们可以再举一些其他的例子来说明这些行为的后果。

有些成年人或许不像其他人那样成熟、稳重，但他们在某个方面却非常有天赋。例如，一个充满灵性的作家可以创作出鼓舞人心的作品，并利用它去激励和帮助他人；一个数学家会通过自己的发现去解决重大问题，为人类的发展做出重大贡献。然而他们想要做到这种程度的话，必须确保他们的灵感不会被打断。

当一个艺术家在头脑中勾勒出了一个绝妙的形象时，他就会忍不住马上将其呈现在画布上，因为灵感可能转瞬即逝。但是在这个关键时刻，有人粗暴地打断了他。这个人大声地呼喊着艺术家的名字，邀请艺术家去下棋。对此，艺术家可能会异常愤怒："你真的太残暴了，因为你的愚蠢行为，我的灵感都消失了，人类很可能会失去一首美妙的诗歌、一幅优秀的画作、一个有价值的发现。"

孩子们虽然没有因此而失去某种艺术杰作，但他们却失去了**自我。孩子的杰作就是全新的自己，就是在他内心深处打造出的**

一个创造型的天才。

有时候，我们觉得孩子很任性也很调皮，但事实可能并非如此。孩子们之所以会这样，是因为他们的灵魂受到了误解，才会借此发出愤怒的哀号。

孩子们因此而被伤害的不仅是他们的灵魂，还有他们的身体。如果人的精神受到了损害，他的身体也会因此受到一定程度的影响。

我们自认为给了孩子一切，包括新鲜的空气和营养丰富的食物。然而，这只不过是自欺欺人罢了，我们什么也没有给他们。

对孩子来说，虽然新鲜的空气和营养丰富的食物很重要，但仅有这些是远远不够的。

更高层次的精神因素制约着我们的生理机能，这就是生命存在的关键。孩子也需要以快乐的精神为依托才能更好地生存。

生理学知识告诉我们，在空气清新的室外，哪怕只是吃一顿简餐，也比在空气污浊的室内吃一顿高档的饭菜更有益处。因为在空气清新的露天环境中，身体机能会更加活跃，食物中的营养也更容易被完全吸收。

同样，与粗俗、易怒且令人厌恶的贵族比起来，和所爱之人以及富有同情心的人一起吃饭显然更有益处。在这样的情况下，精神自由发挥了巨大的作用。

有时候，虽然我们可以吃到美味佳肴，可以住在金碧辉煌的大厦里，但精神会受到一些压制，这样一来，这些地方对健康反而是不利的。

做孩子
爱的导师

孩子是非常敏感的，也非常容易受到我们的影响。因此，我们必须时刻注意自己的言行举止，我们说的每一句话、做的每一件事，都可能会深深地印在孩子的脑海里。

　　对大人的一举一动，孩子都特别敏感，他也很想服从大人的安排。大人也绝对不会想到，孩子其实是愿意服从我们的，这是孩子的特点之一。

　　举例来说，有个孩子把拖鞋放在床上，他的妈妈非常生气地对他说："不可以把拖鞋放在床上，拖鞋这么脏！"妈妈还会一边说，一边把床单上的灰尘拍掉。

　　自此之后，这个孩子只要看到拖鞋，就会说："拖鞋好脏！"然后，他还会跑到床边拍灰尘。

　　面对这种情形，我们又该怎么做呢？

　　孩子是非常敏感的，也非常容易受到我们的影响。因此，我们必须时刻注意自己的言行举止，我们说的每一句话、做的每一件事，都可能会深深地印在孩子的脑海里。

　　对于年幼的孩子来说，服从就是他的生活，因此他会完全地服从于成年人；对于孩子来说，成年人是强大的，而且还能指引他们的生活，因此他们会对成年人充满爱意和崇拜。

　　我们要明白的是，孩子情绪的变化会投射到行为上，使行为出现偏差，对此我们必须要加以重视。

孩子对大人充满爱意和尊敬，因此他们随时会向我们付出爱，并且会听我们的话。但是，成年人总是忽略了这一点，只是不停地强调自己有多爱孩子。

还有人主张，要教导孩子如何去爱自己的父母和老师，以及如何去爱每一件事、每一个人。然而，我们应该让谁来担当导师去教导孩子如何爱呢？是那些把孩子的活泼当成调皮的成年人，还是那些只知道惩罚孩子的成年人？

一个总以井底之蛙的心态来看待这个广阔世界的人，如果不经过坚持不懈的努力，是无法成为孩子爱的导师的。

的确，**孩子深爱着自己身边的大人。不知道你们有没有注意到，孩子睡觉的时候，一定要他喜欢的人陪着他，这就是一种爱的表现**。

但是我们却总认为："我们一定要制止孩子这种无理取闹的行为，如果他睡觉时我们总是陪在他身边，就会把他宠坏。"

吃饭的时候也会发生类似的情况。有人觉得，如果孩子要求和大人们一起坐在餐桌前吃饭，大人不可以表示同意。如果孩子因此哭闹，我们应该告诉他，现在还没到他坐在餐桌前吃饭的时候。

孩子年幼的时候不能吃成年人吃的食物，却希望跟大人坐在一起吃饭，只要让他也坐在餐桌前，他就不会哭闹了。

如果孩子坐在餐桌前还是继续哭闹，很有可能是因为大人们都不理他。孩子其实非常渴望成为成年人团体中的一员。

没有人会像小孩子一样，即使吃饭的时候也想待在我们身边。

等到孩子长大以后，我们也许还会哀叹："现在再也没有人睡觉也哭着要我陪，再也没有人在入睡前会想到我了。"这样的话听起来有多么悲伤啊。

也只有小孩子会每晚都对大人说："我不要你走，你陪陪我。"这样的机会一旦失去就永远也找不回来了，所以我们一定要好好珍惜。

有时候，小孩子会很早就起床，还试图喊醒熟睡中的爸爸妈妈，这让家长们感到很烦躁。

但是成年人其实应该像小孩子一样早早起床的，保持纯真的生活和工作方式。

我们应该在太阳升起时就起床，但是通常很难做到。小孩子早早地来到爸爸妈妈的床边，就好像在告诉他们："爸爸妈妈，该起床啦，太阳正在向我们招手呢，我们一定要过健康的生活。"

孩子这样做并不是想像一个老师那样来教育父母，他只是很爱他的父母，所以希望一起床就能跑到自己爱的人的身边去。

或许，孩子这个时候走路都还是跟跟跄跄的，并且他要经过一些黑暗的地方才能走到父母的房间，但他并没有因此而感到害怕。他会打开父母虚掩着的卧室门，轻手轻脚地走进去，并且小心翼翼地轻抚他们的脸庞。

可是面对孩子这样的行为，爸爸妈妈却只会说："大清早的，不要吵醒我们！"这时，孩子也许会回答："我没有吵你们呀，我只是想亲亲你们。"

让我们好好想一想，除了孩子以外，还有谁会希望一睁开眼睛就能和我们在一起呢？又有谁能勇敢地穿过黑暗来到我们的房间，却只是为了看看我们、亲亲我们？这样的事情在我们的生命中又能遇到多少次呢？

令人惋惜的是，成年人竟然把孩子的这种行为当成一种"坏习惯"，并且还想方设法地帮他改正。孩子对我们展现了爱，而我们不仅没有认同这种爱，反而还打击他。

孩子不仅喜欢美丽的清晨，他也喜欢总是睡懒觉还迷迷糊糊的爸爸和妈妈。

对于父母而言，孩子的到来是一个全新的开始，他会唤醒我们美好的感觉，让我们以另外一种方式清醒过来。

如果我们不是那么懒惰的话，生活也许可以变得更美好。可是假如我们不愿意努力，就会遭受失败，最后变得冥顽不灵，甚至是麻木不仁。事实上，孩子能够教会我们爱，并刺激我们积极向上。

让孩子
拥有自主权

孩子只有找到了自己内
心深处尚未被发现的潜能，
他焦躁不安的心才会平静下
来。我们不应该让孩子的发
展受到阻碍，我们真正需要
做的是，引导孩子找到通往
内心世界的路。

我们所谓孩子的"人格特质"，不仅是指道德行为方面，还从广义上强调了孩子的多重性格。"人格特质"不仅包括智能和外形的一些特性，也包括孩子把这两者综合起来时的表现。我们无法用心理学的观点来分析这种综合表现。

　　在这一章，我探讨一些没有被仔细研究过、完全不被重视的孩子的活动。

　　我们可以用一个曲线图来描述孩子的活动过程，通过这个图能清晰地了解孩子的活动情况。

　　先在纸上画一条水平线，表示孩子正处于休息的状态，水平线以上表示孩子有规律的活动，水平线以下则表示孩子随意玩耍、毫无规律的活动。曲线和水平线之间的距离表示孩子活动的规律程度，曲线的长度则表示时间的长短。

　　用这种方式，我们就可以把孩子活动的时间长短和规律性形象地展示出来。孩子的活动过程会在纸上呈现出一条曲线。

　　我们在儿童之家也使用了这种方法，来测量孩子们的活动状态。

　　例如，孩子进入教室以后，往往会先安静一会儿，然后再去做别的事情。因此，曲线会先向上画到代表有规律活动的部分。一段时间之后，孩子可能感觉到累了，他的活动就开始变得有点儿混乱了。这个时候，曲线就要画到水平线下面去，直到画到活动没有规律的部分。

接下来，这个孩子可能会开始做别的事情。例如，他可能先玩一会儿可以拔插的圆柱，然后拿起蜡笔开始认真绘画，这两部分都要画在水平线以上。

过了一会儿，这个孩子又去逗弄一旁的小伙伴。这个时候的曲线就要画到水平线下面去。接下来，他和小伙伴发生了争吵，此时曲线仍停留在没有规律的部分。

再后来，这个孩子又累了，他拿起几个铃铛放在了秤上，这样做让他觉得很有趣，于是他专心地玩了一会儿。这个时候，他的活动曲线又要画到水平线以上有规律的活动部分了。

最后，孩子感到烦躁，也不想再玩了。他不知道接下来该做什么好，于是来到了老师的身边。这个时候，曲线就停留在水平线上了。

虽然这样的活动曲线无法显示出孩子如何进行每一项活动，但是大多数缺乏专注力的孩子的活动状态，都与上述曲线所描述的相吻合。这样的孩子通常无法将注意力集中在某一件事情上，而是常常漫无目地从一项活动转换到另一项活动，他们差不多在短时间内把所有的教具都玩遍了，根本没有深入地进行学习。

孩子这样毫无章法的行为，在最初是非常平常的。但是经过一段时间，也许是几天、几周或几个月之后，他们的专注力就变强了，这一点也可以从我们再次为他们做的活动曲线图上看出来。

通过这个活动曲线图，我们可以非常清楚地看到：虽然孩子的活动不至于脱离秩序，但距离具有规律性还是有一定的差距的。换句话说，孩子的活动曲线维持在有规律和没有规律之间。

这种孩子进入教室后，可能倾向于去找比较容易的事情来做，例如，他可能会找出自己熟悉的教具，重复练习那些已经学会的东西。

经过一段时间之后，这个孩子好像有点儿倦了，看起来不知道要继续做什么才好，他的活动曲线就会下滑到表示休息状态的水平线上。

以上这样的活动状态，不单单表现在某一个孩子的身上，整个班级的孩子几乎都是如此。

那些缺乏经验的教师会怎么处理这种情况呢？他们可能会觉得，这些孩子已经进行了一段时间的日常生活练习，而且也花了很多时间进行教具练习，他们一定是累了。假如孩子确实是因为累了才不再专心，那么，错就不在老师的身上。

一个容易心软且对目前盛行的心理学理论有所了解的老师，会理所当然地认为，孩子做过那么多事情，一定是很累了。于是，这个老师就会打断孩子正在进行的活动，并将孩子带到操场上，想让孩子透透气。等孩子在操场上打闹一段时间之后，老师会再次把孩子带回教室里。

但是这个时候，孩子的专注力也许还不如没去操场之前，他会频繁地从一项活动转移到另一项活动。这种"假累"的现象会一直持续下去。

面对这种情况，很多老师会判断失误，认为孩子对自己的方法是满意的，这显然是不对的。

显而易见的是，孩子的选择完全是随心所欲的，他刚刚玩了一会儿，又会烦躁起来。面对这种状况，老师们往往感到无计可施，他们可能会采取各种办法，例如让孩子短暂地休息一下，或者让孩子换个地方玩耍，但这些都徒劳无功，孩子不但没有去做原来的事情，也没有平静下来。

这些老师也许非常努力地钻研过教学方法，但是他们对孩子没有信心，因此也就不会尊重孩子的自主权。

这些老师当然是尽了全力的，他们对每一项教学建议和计划都十分用心。但是，如果他们习惯了干预和指导孩子，结果就会阻碍孩子从活动中获得启示的机会，也会扰乱孩子的自然发展。

如果老师能把自己学到的东西暂时放在一边，变得谦虚且有耐心，对孩子充满信心并且尊重孩子的自由，他就一定能看到孩子的全新转变。

孩子只有找到了自己内心深处尚未被发现的潜能，他焦躁不安的心才会平静下来。但是，如果他选择了一项比之前的活动更容易的活动，心情也会很难平静。

　　新的活动一定要有足够的吸引力，孩子才会被吸引，进而专心致志地投入其中。同时，还要不能让周围的事物干扰他们。孩子完成重要的活动之后，脸上的表情与"假累"是截然不同的。孩子"假累"时看上去很疲惫，但是，完成重要活动的他看起来很平静，眼睛闪闪发亮，整个人朝气蓬勃。

　　孩子完成工作之后表现出来的平静，才是真正的平静，好像他找到了新的真理。

　　这个时候，孩子不仅不会觉得累，反而充满了活力，就好像我们刚刚享用了一道美食或者洗了个热水澡一样。

　　我们都有这样的体验，虽然吃饭和洗澡需要花费力气，但是我们并不会因此觉得累，反而会感觉神采奕奕。

　　很显然，孩子能够从任务中获得真正的休息。因此，我们必须尽量给孩子提供活动的机会。

　　在这里，让我们来讨论一下"休息"的真正含义。对于我们来说，"休息"并不是指完全地静止不动。当我们静止不动时，全身的肌肉很容易变得僵硬，而只有在我们放松的时候，身体才能得到休息。我们也需要通过智力活动来获得精神的平静。

　　生命是很神奇的存在。如果一个老师说："我需要让孩子去做一些事情，他才更有精力。"这种做法应该得到大家的支持和尊敬，因为这才是真正能适合孩子的做法。而且只有聆听了孩子内心发出的声音，才能真正帮助孩子选择他需要的活动。这位老师懂得尊重孩子的生命需求，也表明了他有信心、有耐心，这就足够了。

在没有压力的环境中，孩子会显得快乐而友善，跟老师聊起天来也是信心十足。这表明孩子敞开了心扉，发现了老师的优秀和聪明之处，并且期望能和老师聊天。

如果孩子以前总是忽视周围的事物，对什么都不感兴趣，现在却对这些事物表现出了强烈的好奇，这表明孩子的感觉更敏锐了，生活更丰富了，对团体活动的兴趣也更加浓厚了。

孩子一定要有足够的精力来面对生活中如此多的发现。孩子如果精神不振、情感贫瘠，就无法对老师的教学产生灵敏的反应。孩子会因此变得不自信而且没有规矩，老师在教导他们时也会很累。

根据以上的教学理念，我们必须承认，我们以前对待孩子的教育方式真是太糟糕了。

让孩子信任或服从某个人，并非帮助孩子内在发展的表现。

我们不应该让孩子的发展受到阻碍，我们真正需要做的是，引导孩子找到通往内心世界的路。

孩子在活动时越专注，就越能获得平静，越能由衷地遵守纪律。在进行教学时，能达到这种水平的老师，通常都有一套较好的沟通方式。

例如，某个老师也许会问另一位老师："你们班的孩子表现得怎么样？他们会遵守秩序吗？"

被提问的老师也许会回答："嘿，你还记得以前那个不遵守纪律的小男孩吗？他的变化非常明显，现在不但遵守纪律，还很自律。"

这样回答的老师，对孩子以后的发展会更有信心，他教育起孩子来也会更加顺利。

一件简单的事情就能够让孩子变得自律，一个自律的孩子则会顺利地踏上自然的心理发展之路。

自律的孩子更习惯于工作，如果让他无所事事，他反而会手足无措。这样的孩子即使是等人的时候也闲不下来，总是充满了生机与活力。

只要孩子学会自律，假累的现象就会逐渐减少。因为工作而获得内心平静的时间会慢慢增加，也就会有更多的时间沉浸在刚完成的工作中。

这种平静仿佛是一个新的起点，其意义非同寻常。一段工作似乎暂时结束了，但是，另一项重要工作——观察外在的世界，则在孩子的大脑中开始进行了。孩子会注意观察当下周围发生的事情，在大脑里思考，并从中有所发现。

一个孩子如果想变得有专注力，必须经过三个步骤，即：准备期；进行有明确目的的活动；内在发展得到满足，疑虑和困惑得到解答。一旦孩子的内在疑惑得到解答之后，他的外在行为表现也会发生相应的改变，他能从中领悟到自己未曾发觉过的事情。

这时，孩子就会变得非常顺从，表现出的耐心会出乎我们的意料。更让人难以置信的是，之前并没有人直接教孩子要顺从或要有耐心。

有些孩子平衡感不好，常常因为害怕跌倒而不敢走路，不敢随意挥动手臂，因而走起路来会很缓慢并且踉踉跄跄。可当他学会了保持平衡以后，他就不仅会跑会跳，还可以很灵活地转弯了。

孩子的心理发展也是一样的道理。如果孩子的精神不平衡，就没有办法专心致志地思考，也不能很好地掌控自己的行为。这样的孩子怎么可能不遭受"跌倒"的痛苦呢？孩子如果不能按照自己的意愿做事，那他怎么可能愿意听从其他人的指示呢？

真正的服从是心灵平静和充满力量的表现。服从的近义词是适应。生物学家认为，人要适应环境需要极大的力量。

何为适应环境的力量呢？那是一种让人能够顺应自然的发展、学习如何融入周围环境的力量。

在这种力量发挥作用之前，它就已经存在了。换言之，这种力量是我们早就准备好的，而不是在我们需要的时候才会出现的。

孩子的生命应该得到全面的发展，并且达到精神上的平衡和协调，只有这样他才有能力去服从他人。自然界中只有强者才能适应环境，同样，只有精神上的强者才懂得顺应和服从。

在孩子生长发育的过程中，我们应该尽可能地尊重孩子的天性，这样他才能健康快乐地成长。而这样长大的孩子，日后的成就将远远高于我们的期望。

孩子的精神能发展到什么程度，就代表他自身能发展到什么程度。只要孩子的精神发育到了一定的程度，他的身体也就能顺其自然地发育了——他能控制自己的身体了，行动也变得灵活自如且小心谨慎了。

从孩子能完全安静下来这一点，我们就能发现他已经有了相当的专注力了，其程度甚至比成年人还要强。但我们不能忽略了孩子是如何达到这种程度的，也不要忽视了环境对孩子发展的重要影响。

在此我要再次提醒读者，我并没有一开始就确定一套教育原则，然后按照这套原则来拟定我的教育方案。事实恰好相反，我是通过观察那些自由行事的孩子们，才慢慢地了解了一些普遍存在的内在法则，这些孩子就是根据自己的直觉和本能，才找到了通往自己内部力量的道路。

做教育理念正确的
教育者

在蒙台梭利学校中，教育孩子的是环境本身。老师的作用只是引导孩子和环境互动，为孩子示范环境中各种教具的使用方式。

　　运用各种不同的感官教具来唤醒孩子的安全感，这是蒙台梭利教育体系的基本方针。这些教具本身没有什么固定的价值，它们的价值完全取决于教师以何种方式把它们呈现在孩子们的面前。老师只有选择了最有效的方法，才能引导孩子们对这些教具产生兴趣，进而去使用这些教具。

　　接下来我们要探讨的是，如何在课堂教学中向孩子呈现这些教具，如何引导孩子去学习这些教具的使用方法和技巧。

　　大部分研究过蒙台梭利教育法的人，几乎对每种教学方法都很有兴趣。他们发现，相较于一般的教学法，蒙台梭利教学法与其之间的区别非常明显。

　　在蒙台梭利教育法中，主要是让孩子来主导学习活动。孩子到了一定的年龄之后，就可以做出有意义的举动，这时就可以主动反复练习一些身体动作，而这些练习也涉及思考或推理，促进孩子的自我教育。

　　如果按照这样的原则来学习，孩子不需要老师的介入，就可以完全独立自主地学习和活动。老师需要做的只是给孩子准备教具、示范教具的使用方法，然后孩子自己去练习使用教具就可以了。这样做的目的是引导和开发孩子的精神力量，而不是一味地将知识灌输给孩子。

很多老师都有这样的疑问：是不是只要将教具给孩子看看就够了呢？答案当然是否定的。

孩子进行自我学习时，学会教具的操作方法这一环节非常重要。一开始孩子可能完全弄不懂这些教具是怎么用的，老师必须反复示范具体的操作方法。

老师的示范对孩子们来说非常重要。以西式餐具为例，西方人都知道在餐桌上如何使用刀叉。但如果是从来没有使用过刀叉的东方人，他也许会觉得这些刀叉很有趣，甚至会拿起来赏玩一番，但是由于他从未看到过别人用刀叉吃饭，也就不会知道刀叉的使用方法。

所以，老师需要在教学过程中不停地示范。例如，根据体积大小把方形的积木一个接一个地堆起来；把不同插孔里的圆柱体取出，再根据形状和大小将其放回原位；或把插孔和圆柱体分别摆放到两个不同的地方，然后依靠视觉判断其大小，再凭借记忆将圆柱体放入相应的插孔里。这种教学方法听起来可能有些奇怪，因为在一般人看来，上课就应该是老师讲、学生听。然而事实上，这种不说教只用行动进行引导的过程才是真正的教学，它会让孩子看到如何站立和坐下、怎样拿盘子上面的水杯才不会被打翻，以及如何做出灵活又稳重的动作等。

这些难道不是教学吗？当然是，甚至连静默也是。我们可以引导孩子安静地坐好，并且让他能够在被别人轻声呼叫之前，一直保持安稳的坐姿。孩子在我们的引导之下，会将注意力集中在自己身上，还能学会控制自身动作的方法。怎么保持静默不是老师用语言就可以讲明白的，而是需要老师用动作和神态给孩子示范出来的。

静默练习可以说是蒙台梭利教育法的精髓。我们在大量的教学活动中都运用了这种方法，即使是那些一般人觉得如果不说孩子就无法明白的事情，我们也会使用这种方法来进行教授。

在蒙台梭利学校中，教育孩子的是环境本身。老师的作用只是引导孩子和环境互动，为孩子示范环境中各种教具的使用方式。如果在别的教育体系中使用这种教学方法，是根本不会成功的。因为在那些教育体系中的老师只会不断地对孩子发出命令——"安静！""不要乱动！"

难道这就是所谓的教学语言吗？我相信这种命令式的教学语言并不会有多大的作用。教育应该不断探索合适的方式，引导孩子在不知不觉中自然地学习和活动。

蒙台梭利教育法的成功之处就在于它能够让孩子自觉地学习操作教具，并且孩子也能因为认真地学习新技能而受到大人们的称赞。

完备的人格是人真正服从命令的前提，换句话说，孩子的反应能力必须像我们所期望的那样才行。只有通过自身的不断练习，孩子们才能获得这些能力，而并不是靠我们的命令就可以获得的。

钢琴老师经常会这样告诉学生："手指的姿势要摆好一些！"然而，老师说完这句话后并没有为学生做出指法的示范。这样一来，学生依然无法摆出正确的手指姿势，尽管老师一再重复那句话，还是得到不理想的结果。

只有等孩子的心智发展得足够成熟之后，我们才能命令孩子去做某件事，因为只有在心智成熟的前提下，他们才能根据大人的指示去做事。

老师所有的口语教导应该安排在整个教学过程的后半段，因为在孩子的内在秩序没有达到一定的程度之前，用语言进行引导是没有任何作用的。当然，也不是不能用语言进行引导，只是需要结合孩子的词汇量以及词汇使用情况来进行。

缺乏教学经验的老师，通常会把教学重点过多地放在"教"孩子上。在他们看来，只要自己采用有意义的方法，给孩子清楚地示范了教具的使用方法，教学任务就算是完成了。这种做法其实并不正确，一个老师的职责远远不只是"教"这么简单。教师的职责还包括引导孩子的精神发展。**在观察孩子时，老师不但需要了解孩子，更重要的任务是帮助孩子发现他们的各种能力。**

做一个新时代的老师并不容易。接下来，我会提供一些对老师有帮助的教学原则。

首先，老师要清楚地知道孩子的注意力集中在哪里。如果孩子把注意力集中在任务上，老师就必须尊重孩子，绝对不要在孩子旁边纠正他的错误或者突然赞美他，给孩子带来干扰。

少数老师对这个原则理解得不是太透彻，将教具给了孩子后，自己就站到一旁，不论孩子们做了什么，他们都既不说话，也不插手。这样做的后果，就是整个教室都乱成了一锅粥。

只有在孩子发育成熟到一定程度之后，老师才能真正地不干预孩子的活动和学习。也就是说，只有当孩子在某件事情上具有了足够的专注力之后，我们才能不再去干预他。如果孩子对某件事情产生了浓厚的兴趣，他自己就会专注地投入其中。如果孩子盲目地发泄自己的精力，老师却对他不闻不问，这显然不是我们所说的尊重。

有一次，我看到整个班的孩子操作教具的方法都是错误的，教室里杂乱无章，但老师却沉默得犹如一座埃及狮身人面像，什么话也不说，只是在教室里来回地走动。我对这位老师说："干脆让孩子们去外面玩吧，可能比让他们待在教室里更好。"

当我经过一个孩子的身边时，发现老师正在跟另一个孩子说悄悄话。我问老师："你这是在干什么呢？"他回答说："小声地说话才不会打扰到孩子呀。"

这位老师犯了一个很严重的错误：当孩子的行为失控了之后，他没有去干预，也没有尝试重新建立班级里的秩序。

有一位老师曾问我："既然你要求我们像对待科学家或艺术家一样尊重孩子，让他们自由地活动，为什么又跟我们说，如果孩子只是把教具当成玩具而不是用来练习时，我们应该干预呢？

这不是自相矛盾的吗？"

我的回答是："我确实这样说过，我尊重孩子的智能活动，犹如尊重艺术家的奇妙灵感一样，甚至有过之而无不及。"然而，当我去拜访一位艺术家时，发现他正在工作室里抽烟或者玩牌，而不是在进行艺术创作。这样一来，我自然就不会害怕打扰到他，还会对他说：'嘿！朋友，在忙什么呢？'

"因为这位艺术家正在做并不费神的事情，所以我会对他提出邀请：'我们一起散散步、晒晒太阳吧！'"

蒙台梭利教育法所说的尊重孩子，并不是连孩子的缺失或不恰当的行为也要完全包容。

尊重孩子要遵守以下几项基本原则：能够观察并发觉孩子不同的体能情况；支持和鼓励孩子做出对有利于其身心健康的行为；打消孩子缺乏建设性的念头，这些念头对孩子的发展毫无促进作用，反而会成为孩子发展的障碍，因为它们只会让孩子的精力用错地方。

这些原则，不仅学校的老师要牢记和遵守，父母也同样如此。

老师当然可以不厌其烦地提醒孩子，也可以严厉地指出孩子的错误行为。但是一位真正精通教育的老师，会使用比强迫压制更有效的方法去引导孩子走向正轨。

毋庸置疑，想做到这一点，就需要老师持续不断且随时随地对孩子进行细心的观察。老师要时刻留意孩子的状况，安排孩子的学习环境。比起命令和告诫，这样做其实要简单得多。

虽然方法简单，想要做到却并不容易，它要求老师具有无尽的爱心和敏锐的洞察力。老师必须像家庭主妇对待家庭环境一样，用心给孩子打造美观、温馨的学习环境。但是做到这一点还不够，老师还需要了解孩子的一举一动，担负起教育孩子的职责。

老师若想对自己的工作有更清晰的认知，就需要多加用心，仔细地观察孩子。老师对孩子的观察程度，决定了一个孩子是否能够步入正轨、得到成长和获取成就。老师只有真正花心思去做，才能取得满意的效果。

一个老师是否具有教育能力，取决于他是否能够正确地运用蒙台梭利教育法的法则。假如一个老师认同蒙台梭利教育法，就能从中发现一些克服教育难题的方法，也会因此取得很好的教育效果。

虽然拥有克服困难的能力不一定能让人变得完美，但是会激发出一种新的力量。这种力量会让我们感觉到，生活中的许多困难都是不值一提的，这种力量也能激励我们完善自己。

因此，我们既要帮助孩子克服各种缺点，又不能伤害了孩子的自信，让他们误以为自己能力不足。

成人与孩子的
关系

孩子作为一个持续发展
的个体，必须通过循序渐进
的发展，获得行动和精神之
间的平衡。

Chapter 15

迄今为止，教育不但被当作一门技艺，还被视为社会科学领域中最重要的学科之一。

儿童教育关系着人类进步与发展的希望，因此为了整个人类社会的发展，不仅要研究改善环境的科学，更要对儿童教育进行研究。

目前，除了科学家和教育家之外，父母和社会大众也对教育相关的研究十分关注。

众所周知，现代教育理念有两个重要原则：第一，了解孩子的个人特质，并根据其独有的人格特质来进行正确引导；第二，解放孩子。

虽然教育学已经解决了许多教育方面的难题，但是还有很多困难阻碍着现代教育目标的实现，需要我们面对与克服。

在教育学中，研究的主题通常都是"问题"，例如，人们经常提到的"学校问题""解放问题""兴趣和能力问题"等。而对于其他科学领域的研究对象，使用的却是"原理"这个词，比如"光辐射原理""地心引力原理"等。

一般而言，科学研究中的"问题"大多产生于不明确的、外

围的部分，科学的核心是发现和解决问题。因此，对于具有实验
性质的教育学而言，如果没有正视重要的问题，就会背离科学的
真谛。

假如有人认为教育是明确、单纯的，他已经解决了所有的
教育问题，也在人类精神发展方面有很多新发现，没有人会相
信他。

在人类社会中，总有一股无形的力量逼迫人们不得不面对一
些难以置信的事情，以及适应某些为了保持社会安定而存在的礼
教或束缚。个人无论如何都会牺牲一点儿自我。

对于孩子来说也是如此，他们学习时也不得不做出一些牺
牲，不论我们多么希望孩子可以快乐地享受学习的乐趣。一方
面，我们希望孩子是自由自在的；另一方面，我们又希望孩子是
顺从的。很多教育问题的产生，都源自这种理想和现实之间的
冲突。

那些所谓的教育学的改革，最终都变成了成年人为孩子未来
命运发出的声声叹息。

现代校园里的教育改革，实际上都是为了缓和教学顽疾所带
来的伤害，例如重新制定课程以及教育制度，加强孩子的体育锻
炼，保证足够的休息时间等。然而，这些改革方案并没有真正帮
助孩子自由地发展。

无论如何，面对教育问题相关的改革时，我们绝对不能有丝
毫的妥协。现代教育已经走到了一条死胡同，我们必须改革，开

辟出一条崭新的道路。

在其他科学领域，人们已经研究出了很多有利于人类的发明，但是在教育科学领域，我们依然没有找到有效的办法。

在目前的教育学领域，所有项目的研究都局限于外在表象，完全没有到达其根本。用医学术语来说，就是"治标不治本"。

在医学上，许多不同的症状都有可能是同一个病因引起的。在治疗疾病时，如果只是针对一个个症状单独治疗，而不找出病源，往往会徒劳无功。例如，心脏问题可能会导致其他身体器官出现异常，假如我们只单独治疗某一个器官的病症，却没有治疗心脏、恢复其功能，那么这些症状以后还会继续出现的。

还有一个精神方面的例子，如果心理治疗师发现，病人的病因是其情绪和思想观念相互作用致使他的精神无法承受，那么，心理治疗师就必须追根溯源，追寻病人潜意识里的病因。

一旦找到主要病因，解决了这个问题，其他问题也会迎刃而解，所有的病症都会消失。

和上面的例子一样，教育学上出现的问题通常也是由一个隐蔽的主要原因引起的。

蒙台梭利教育法自始至终都没有受到当今教育体制的"病态程序"的影响，一直朝着能揭示教育沉疴痼疾的方向前进。在蒙台梭利教育法的指引下，"病因"被克服，"问题"也随之消失了。

我们发现，所谓的教育问题，尤其是那些与人的个性、性格和智能发展有密切关系的问题，实际上都是孩子与大人之间的矛盾和冲突所导致的。

大人在孩子成长发展的道路上设置了大量障碍，这些对孩子的伤害是非常巨大的。大人总是以科学和道德的名义来设置这些障碍，并且企图通过控制孩子的意志来实现自己的意图，这些对孩子的成长发展是非常不利的。因此，孩子最亲近的人——父母和老师，反而最有可能成为阻碍孩子人格发展的人。

大人与孩子之间的矛盾冲突不仅会影响教育，也会影响孩子成年之后的心理状态，很可能会造成孩子心神错乱、情绪不稳定或者性情异常。问题就这样从大人传给了孩子，孩子成年之后又传给了自己的孩子，这样就形成了一个恶性循环，一代又一代地延续下去。

因此，要想从根本上解决教育问题，第一步绝不是针对孩子，而是针对成人教育者。教育者一定要厘清自己的教育观念，摒弃所有的偏见，此外还必须改变自己的态度。第二步，就是要给孩子提供一个有利的生活环境，一个扫除了障碍的学习环境。这个环境要切合孩子的内在需求，能逐步解放孩子，并帮助他克服一切困难。这些都是奠定大人与孩子新道德的基础。

我们专门给孩子们营造了一个合适的环境，让他在活动中可以自然地流露出自己的创造力，此后，我们就可以看到他们在活动中展现出了前所未有的安静和平和。在一个符合孩子精神生命基本需求的环境中，孩子一直以来隐藏着的态度就会自然而然地呈现出来。而过去的孩子们因为要和成年人抗争，只好隐藏住自己的某些本性，性格也就变得压抑了。

我们发现，孩子的心理状态有两种：一种是自然的、富有创造力的，能展示出其正常、美好的一面；另一种则是因为受到大人的压迫而表现出来的自卑和压抑。这一发现让我们对孩子有了全新的认识，犹如漫长的教育之路出现了一束光亮，指引我们走向新教育美好光明的前途。

孩子表现出的纯真、勇气和自信，都是出自道德的力量，这也代表了孩子融入社会的意愿。同时，孩子的行为缺失、破坏性、说谎、害羞、恐惧等缺点，以及那些难以理解的抗争行为，也在这种环境中消失得一干二净了。面对这些改变，老师必须彻底改变自己的态度：不再用权威来压迫孩子，而是用谦和的态度去帮助孩子。

既然我们已经发现孩子的两种心理状态，那么在谈论教育方针时，首先必须要厘清谈论的基础对象。我们必须考虑是应该以被压抑的孩子为讨论对象，还是以自由成长、拥有发挥创造潜能的孩子为讨论对象？如果将被压抑的孩子作为讨论对象，我们应该明白，制造出这些教育难题的根源是成年人；如果将自由成长的孩子作为讨论对象，成年人就必须正视自己的错误并且与孩子平等相处。

在后一种情况下，大人才能够轻松愉悦地与孩子相处，和孩子分享这个充满温馨与爱意的新世界。

教育科学必须在与孩子平等相处的基础上实行。科学其实就是先假定一个真理的存在，然后才能在此基础上向前发展，接着再总结出一套切实可行的方案，从而减少错误的发生。

孩子可以引导大人寻求真理，也希望我们给予他们真正有用的帮助。他们是通过活动在环境中获得成长的，但是除了活动之外，他们也需要物质上的接触和学习上的引导。孩子发展中这些重要的需求，都必须由大人来提供。

大人一定要给孩子提供他们真正想要的东西，去做孩子真正想要做的事；从而协助孩子进行各种活动。假如大人无法做到这一点，孩子的发展就不会太顺利。然而，如果大人做得过多，也可能会阻碍孩子的成长，影响他们发挥自己的创造力。

这两者之间存在一个平衡点，我们称之为"介入的门槛"。在我们引导孩子的过程中，相关的经验会不断积累，接着我们就能够找出恰当的介入时机，这样一来，我们与孩子之间的相互了解也会越来越透彻。

孩子的活动必须依靠与物质接触来进行，因此我们必须通过科学的验证来挑选教具，然后让孩子在周围的环境中自由地使用这些教具。

文化的传承问题也可以利用这种做法而得到更好的解决。这种做法不仅减少了大人对孩子的干预，也让孩子可以根据自己的发展需要进行学习和创造。

每一个通过活动而获得自由的孩子，都会按照内在创造力的需求而得到发展，并且他们会在学习过程中不断进步。因此，个体的发展对于文化的传承有重要的帮助。

老师在孩子们面前依然扮演着引导者和指导者的角色。但是老师只可以在必要的时候出现，因为孩子会遵从自己的法则来展现自我，也会根据自己的需求来演练各种能力。

在教育工作中，我们可以领会很多对教学大有裨益的经验，这些经验对我们制定出更加科学的教育纲领有很大的帮助作用。

这个教育纲领其中的一项就是，大人的干预、教具的使用和学习环境的布置都应该有所限制。过多或者过少的教具都可能对孩子的发展不利。缺乏教具就无法满足孩子的学习需求，而教具过多则可能让孩子难以抉择、精力涣散。我想举个例子来做进一步的说明。大家都清楚，如果我们的饮食缺乏营养就会导致营养不良，但吃得太多也会伤害身体，从而患上一些疾病。过去，大家都认为吃得越多对身体健康越有利，但现在大家已经认识到了吃得过饱不仅不会让人活力充沛，反而会让人感到疲劳。

现在，有一些人相信了教具是儿童教育的关键，但他们认为应该无计划、无限制地给孩子提供大量教具。这种观念和"吃得越多身体就越健康"非常相似，因为它们都与"喂养"有关，只不过一个是喂养身体，一个是喂养精神。通过对智能发展方面的研究，我们发现，适当限制教具的使用更有利于激发孩子自发性的活动以及更全面的发展。

有人认为，只有有意识的心智能力和语言表达能力才是有价值的心理因素。这种想法显然忽视了婴幼儿，因为婴幼儿的这两种能力都尚未得到发展。但是，即使是只有几个月大的婴儿，也开始有了自己的独特性。假如有人觉得只需要对婴儿进行身体上的照顾，明显就忽略了这一事实。

如果成年人能放下身段，尝试了解孩子的内心，就会很清楚地知道，孩子的内心世界远比我们所认识的要丰富得多、成熟得多。

有研究报告曾指出，哪怕再小的婴儿，也能很好地融入并且适应周围的环境，而且他适应环境的能力比其肌肉的发展能力还要强。

婴儿自身有一种活跃的精神力量，哪怕他的肌肉动作和语言能力都还没有开始发展，他在精神上同样也需要大人的呵护。

因此，我们可以确定，孩子的天性是二元发展的，其一是他内在的心理发展，其二是外在的身体成长。关于这一点，人类与其他动物是不同的，其他动物一出生就可以依靠本能去做应该做的事，人类却需要慢慢地建构一套完整的机制，然后再采取相应的行动。这正是人类的特别之处，即人的自我促使与身体动作有关的各种器官逐步启动，而通过这些动作，个体的独特性最终得以显现。

因此，人必须构建自我、拥有自我，最终才能控制自我。

孩子作为一个持续发展的个体，必须通过循序渐进的发展，获得行动和精神之间的平衡。通常成年人做出某些行为是经过了深思熟虑的，但是孩子的行为和思想则是同步的，这也是孩子发展过程中的关键。因此，阻碍孩子的行动，就会阻碍孩子的思考，也就阻碍了孩子的人格建构。如果遇到这种情况，孩子的性格就会变得懦弱，而内心也就不能协调，进而影响其行动发挥作用。这一点对于人类未来的发展来说极其重要，也是家庭教育和学校教育必须认真思考的问题。

孩子的精神比大多数人所认为的更高尚。一般人都觉得做太多事会给孩子带来痛苦，然而实际上，给孩子真正带来痛苦的是去做那些对他们来说没有意义的事情。只有那些可以促进智力发展、让他们感受到作为人的尊严的事情，孩子才会感兴趣并且愿意为之而努力。

在世界各地上千所学校中，我看到许多孩子做出了大人认为他们无法做到的事情。这说明孩子并不会因为长时间地做事而感到劳累，他们做事时可以非常专注，仿佛与世隔绝一般，这些对于孩子的人格发展非常重要。

孩子们在文化方面显得很早熟，4岁半的孩子已经学会写字，而且非常享受书写带来的乐趣，我们称之为"书写爆发"。孩子们会在轻松的氛围下，用他们觉得有趣的方式学会书写。他们一点儿也不会觉得写字很累，因为这是他们自发的活动。

看看这些安静又天真的孩子，他们不仅身体健康，情感也很细腻，整个人充满了爱和欢乐，而且非常乐于帮助他人，我忍不住进行了反思，由于过去我们对孩子们犯的某些错误，导致我们真的浪费了太多的精力。

　　由于大人教育的失误，剥夺了孩子旺盛的精力，压抑了孩子个性的发展，导致很多孩子什么都不会做，性格多疑且叛逆。

　　大人总是急切地想纠正孩子的错误、弥补孩子的心理缺失、修复孩子的性格缺陷，然而他们不知道，孩子的这些问题都是成年人造成的。

　　成年人正迷失在一个没有出口的迷宫之中，深陷于挫败情绪。对此，我们不知所措。只有等到我们发现这些错误，勇敢面对并将其改正时，问题才会被解决。

对孩子进行的
家庭教育

孩子期望得到成年人的
陪伴，即使只是和家人在一
起吃饭，或者围着火炉一起
烤火，他们也会感到很满足。
因此，他们想尽一切办法去
融入成年人的生活。

到目前为止，我们发现大部分幼儿教育工作者存在错误的观念以及先入为主的成见。但是，也有很多人尝试去观察幼儿，然后将得出的正面结论公之于众。

这些以多方面观察为基础而总结出的教育方法，其中有一部分已经获得了成功，似乎让幼儿教育发生了显而易见的转变。

观察和了解孩子，是所有教育方法实施前的必要步骤，现代教育法就是在此基础上通过不断的试验并将经验总结而得到的。

这些教育方法最终也应该在家庭中得以运用，这样才能让孩子展现出全新的面貌，父母也会因此从根本上得到改变。

到目前为止，在教育孩子的过程中，父母所做的事情主要是纠正孩子的不当行为，并让孩子学会如何分辨是非。然而，他们基本上都采用以道德劝说和口头训导的方式来教育孩子，真正以身作则、给孩子示范的父母少之又少。一旦道德劝说和口头训导都没有效果时，父母就会责骂和体罚孩子。

当然，在这个讲究和平、自由、平等的社会中，除了父母，似乎没有任何人有权利通过体罚来教育孩子。但是，体罚的特权会让父母背负双重责任：一是父母要在毫无抵抗力的孩子面前表现出绝对的权威；二是父母必须在行为举止上做孩子的榜样。

谚语有云，"推动摇篮的手，也是推动世界的手"，父母对孩子的成长具有决定性的作用。然而，即使一个女孩在童年时期只靠练习和耐心就学会了最简单的工作，她成为母亲后也不会用同样的方法来教育自己的孩子；即使一个男孩年少有为，当他成为父亲后也可能会因为懒得思考如何培养孩子的人格而放弃观察孩子。因此，也许是因为疏忽或能力不够，也有可能是因为觉得以前的育儿经验空洞无趣，很多父母都会因此逃避自己教育孩子的重任。

当一个天真无邪的孩子降生之后，身为父母的两个人依旧会在对方身上发现许多缺点。此时，父母双方都无法成为孩子的榜样，因为他们都不完美。

引导孩子改正缺点，帮助孩子取得进步，用自己的优秀行为来给孩子做示范，这些都是父母应尽的责任。当然在现实生活中，父母会面临许多实际的困难，我们无法在此对他们所要经历的复杂情境一一进行讨论。

首先，我们来讨论一下"说谎"的问题。作为一位好家长，最重要的职责之一就是让孩子养成诚实的品德。

我认识一位妈妈，她希望自己的女儿不要说谎，因此向女儿描述了很多说谎的坏处，也在女儿面前赞美了那些即使受到责难、牺牲自己的利益也坚持诚信的人。她想尽办法让女儿了解即使是小小的谎言也可能酿成巨大的错误，就像谚语说的那样——

"说谎会让人失去理智"。她还特别和女儿强调，一个生活在富裕、幸福的家庭的人更应该维护自己的尊严，为那些因家庭贫困而没有接受良好教育的人树立榜样。到这里，这位妈妈对女儿的教育可以说是非常用心了。可是，她自己是怎么做的呢？

有一次，她的一位朋友打电话来邀请她去听音乐会，她一再推辞："真不好意思，我头疼得厉害，去不了……"

电话还没打完，她就听到隔壁房间里传来女儿的尖叫声。她赶紧冲过去，发现女儿用双手捂着脸，跌坐在地上。

她问女儿："亲爱的，发生什么事了？"

女儿回答："妈妈，你在撒谎！"

在这一刻，女儿对妈妈的信任彻底被摧毁了。从此，两人之间竖起了一道无形的屏障。孩子对成年人的社交产生了疑惑，在她心目中，社交的神圣意义受到了玷污。

尽管这位妈妈用尽一切办法想让女儿养成诚实的品质，但是她没有反省并纠正自己说谎的行为，最终对女儿的教育也没有成功。

大人总是这样，不断地教育孩子要诚实，自己却用谎言欺骗孩子。在这些谎言中，有一些是无伤大雅的，有一些谎言却是早有预谋的。

说到欺骗，我又想起了一个与圣诞节和圣诞老人有关的故事。

一位妈妈曾经告诉自己的孩子，圣诞老人是真实存在的。对孩子来说，这其实是一种欺骗。这位妈妈也因此感到内疚，于是过了一段时间，她告诉了孩子真相。当孩子知道自己之前听到的都是谎言以后，他感到非常失望，整整一个星期都愁容满面。

这位妈妈对我讲这件事时，难过得流下了眼泪。但是也不是所有的谎言都会带来严重的后果。

另一位妈妈也曾对自己的儿子做过类似的事情，告诉儿子世界上真的存在圣诞老人。但是当她的儿子知道真相之后，竟然笑了起来："妈妈，我早就知道，世界上是没有圣诞老人的！"

妈妈很疑惑："你为什么一直都不告诉我呢？"

儿子回答："因为每次讲到圣诞老人你都会很开心啊。"

这一次，母亲和孩子的角色完全对调了。孩子成为一个敏锐的观察者，他深爱着自己的母亲，因而愿意顺从她、取悦她。

大多数父母都希望孩子不反驳自己，听自己的话；但另一方面，父母也渴望得到孩子的爱。在这一方面，孩子常常会成为父母的老师，让父母变得诚实。因为孩子既单纯又真挚，而且具有令人惊讶的强烈的正义感。

我再举一个例子。

有一天晚上，一位妈妈要儿子上床去睡觉。

儿子恳求说："等我把这件事情做完了再去睡觉，好吗？"

妈妈坚决不同意。

儿子只得乖乖地去睡觉了。但是过了一会儿，他又悄悄地爬起来，想继续完成自己没做完的事情。

妈妈发现儿子偷偷溜下了床，认为他不诚实，狠狠地批评了他。

儿子解释说："妈妈，我没有撒谎啊！我跟你说过，我要把这件事做完……"

妈妈不想再听儿子的解释，只是让他道歉。但儿子表明自己并没有欺骗妈妈，他不明白妈妈为什么要自己道歉。

这时，妈妈对儿子说："好吧，我知道了，原来你一点儿也不爱妈妈。"

儿子觉得非常委屈："妈妈，我当然很爱你。可是我明明没有做错事，为什么要让我道歉呢？"

以上这段对话让我们感觉到，孩子的谈吐反而更像成年人，妈妈则像个无理取闹的孩子。

我还可以举出一个例子。

有一位牧师爸爸，每个星期天都会带着女儿去教堂帮忙做事。一个星期天，这位牧师爸爸在布道时宣讲了耶稣的同情心。他说："我们都是兄弟姐妹，穷人、受苦受难的人也都是耶稣的子民。如果我们想得到永生，就必须关爱穷人和遭受苦难的人。"

父亲的话深深地打动了小女孩。

在离开教堂回家的路上，女儿发现路边有另一个小女孩在乞讨。这个乞讨的小女孩看上去非常可怜，身上满是伤口。

女儿迅速地跑过去，拥抱并亲吻了那个乞讨的小女孩。

牧师和他的太太吓坏了，赶紧走上前去，将穿戴整洁的女儿拉了回来。他们一边急急忙忙地拉着女儿离开，一边低声责骂她，害怕她被传染疾病。回到家之后，牧师的太太立刻帮女儿洗了澡，并给她换了一身衣服。

从那以后，无论牧师的布道多么精彩，女儿再也没有被打动过。

生活中这样的例子数不胜数，亲子之间的冲突大多是源于父母与孩子之间的不和谐。孩子会把父母的一切都看在眼里，包括父母的自以为是；父母也会在孩子面前做出不当的行为。这些潜在的小矛盾总有一天会引爆亲子之间巨大的冲突。

当父母与孩子发生冲突时，通常父母利用自己身份的特权而获得胜利，但是这样做并不能让孩子信服。

大人们不但自己做错了，还要用高压手段来制服孩子。他们会逼迫孩子服从自己，以保持自己在孩子面前的威严。然而，父母虽然赢得了胜利，同时也失去了孩子的信任，甚至连亲子之间原本美好的情感也一并失去了。如此一来，孩子内心深处的情感需求就无法得到满足，孩子的人格发展也会因此受到一些负面的影响。

为适应成年人的不当行为，孩子会刻意压抑自己生理或心理上的某些紧张反应。长此以往，孩子就容易患上很多疾病。这些伤害也会导致孩子出现一些不良的行为习惯，这些行为习惯甚至被认为是孩子的某种特质，其实这只是孩子自我保护的一种表现。

孩子会故意说谎，来掩饰自己不恰当的行为。和说谎一样，孩子的恐惧情绪也是由于被迫屈服和顺从而造成的。

相较于其他情绪而言，恐惧情绪对孩子造成的伤害更加严重，因为它让孩子混淆了想象和真实的感觉。这种情绪上的混乱通常会发生在缺乏内在发展机会的孩子身上。

除了前面提到的问题之外，还有另外一个问题——被动模仿，即孩子一味地有样学样。这并不是孩子自我完善的方式，而是孩子通向堕落的道路。成长是自我内在的工作，如果只是模仿他人，是无法不断完善自我的。

孩子被压抑的内在期望和需求犹如被深埋在地下的矿石，难以被他人发现，孩子自己也永远无法弄清楚它们的真正价值。由于这些期望和需求不能实现，孩子就没有机会掌控它们。但是它们永远都隐藏在孩子的心底，会不断地吸引和诱惑孩子。

成年人对孩子自然冲动的压制，会阻碍孩子发挥做有用的事情的能力。换句话说，孩子想依照自然法则发展，大人却成了绊脚石。孩子因此走了许多冤枉路，他们深陷大量没有意义的物品和玩具当中，不知不觉之中，原有的克服困难的能力也受到了影响。最后，他们只能接受一切并服从成年人的掌控。在孩子看来，一切都变得兴味索然了。

孩子原本有一双翅膀，可以自由地翱翔，但现在他们的翅膀被折断了。如果孩子没有办法接触到自己感兴趣的东西，就会失去想象的翅膀，在物质的世界中盲目地游荡。

由于缺乏实践经历，孩子与真实世界之间的距离变得越来越遥远，他们的生活也会脱离正常轨道，最终只能陷入毫无用处的空想中。

但为了保护自我，孩子弱小的灵魂仍然在不停地抗争。任性、哭闹、发脾气、耍小性子等行为，都是他保护自己的方式，孩子就是用这样的方式来表达自己的反抗和愤怒的。

这些时常任性、发脾气的"小淘气"们让老师感觉无能为力、难以管教，而且他们还有可能成为被其他孩子模仿的坏榜样。

孩子的神经系统常常会在与成年人的对立冲突中受到伤害。现在，很多医生都认识到，孩子之所以会情绪失控，主要源自他们婴幼儿时期受到的精神压抑。

孩子在婴儿时期的某些表现，例如失眠、做噩梦、消化不良、口吃等，通常都是情绪失控的早期征兆。孩子如果有了这些征兆，父母应该尽力帮助孩子调整情绪，努力改善孩子在性格上的缺失。

即使父母为了治疗孩子的疾病而心力交瘁，也不能否认，孩子的这些问题其实正是父母造成的。更严重的是，这些疾病造成的伤害可能会伴随孩子一生。

父母总是错把自己对孩子的压迫当作爱的表现，忽略了孩子真正的需求。我们一定要努力解放孩子受到压抑的精神，只有重获自由的孩子，疾病才能痊愈；而那些无法治愈的疾病，则完全可能是由先天因素所造成的。

虽然年轻一代的父母能够做到让孩子自由发展，但是父母绝对不能把这个"自由"理解为"不加约束地纵容"。如果对孩子的缺陷不加以改善，大多数孩子都会因此出现情绪上的问题。

在这里，我并不想提出新的原则，只是想进行一些归纳总结。在运用这些结论前，我们一定要先思考一下孩子身上存在的问题究竟是什么，然后再考虑具体的做法，这样才能满足孩子的心理需求。

现在的父母都具有丰富的照料孩子的知识和技巧，他们懂得营养要均衡，也知道怎样让孩子适应环境，还知道空气清新的环境有助于孩子肺部更好地发育。

然而孩子不是小动物，从出生开始就拥有了自己的思想，他们需要的不只是身体上的喂养。如果我们真正为孩子着想，就不仅要照顾他们的身体，还要为其心灵的发育开辟道路。从孩子出生的那一刻起，我们就必须尊重孩子的心灵，并且努力寻找帮助他们的途径。

当我们照顾孩子身体的时候，有一些明确的准则需要遵守。关于保护孩子心理健康这一方面，我们有更广泛的原则，但其中至今仍有很大一部分是为人所不知的。

我们可以肯定的是，孩子需要的不仅仅是食物。如果大人不对孩子进行干涉，孩子独立完成某件事情后会感到非常开心，同时也会显得特别骄傲，这就告诉我们，孩子有发展内在潜能的精神需求。我们必须引导孩子，给孩子创造机会发挥他们的潜能，而不应该阻碍孩子的精神发展。

目前，市场上在售的玩具中，很大一部分都无益于孩子的精神发展，它们终将被淘汰。玩具厂会做一些大尺码的玩具，例如和真实小孩一样大小的玩具娃娃，跟着玩具娃娃一起变大的还有玩具床、玩具衣服等。但是孩子们并不喜欢这样的玩具，因为它们都不是孩子真正需要的。

我们要让孩子生活在一个可以自己掌控的环境之中。孩子们应该有属于自己的小洗漱台、小椅子，能自己拉开的小柜子，能独立使用的日用品，能够自由上下的小床，可以自己收纳整理的漂亮小毯子等。在这样的环境中，孩子白天会忙个不停，晚上也想赶快换上睡衣，主动爬上小床睡觉。

在这种环境下，孩子会自己打扫房间，自己换衣服，自己吃饭。这样一来，他们就能照顾自己了。孩子们也会变得心平气和、礼貌待人，不会再哭闹，也不再调皮捣蛋，他们会成为友爱乖顺的好孩子了。

新式教育为孩子们提供了适合他们发展的环境，让孩子喜欢上了自己的工作，并且成了内心秩序感很强的人。

新式教育非常注重对孩子的生活进行观察，强调觉察孩子的心理需求，以促进孩子的精神发展。

我们希望在教育中可以运用到人体保健知识，但是对我们来说，教育的基础是孩子的心理发展，这也是新式教育中最重要的部分。

下面，我会列举几项教育原则，希望父母能以此为基础，去发现最适合教育孩子的方式。

原则一：尊重孩子正在进行的一切合理的活动，并努力了解孩子活动的目的。

孩子的内在潜力是他努力的动力。遗憾的是，成年人经常会忽视孩子在生活中表现出的潜力。

一提起孩子的活动，我们脑海中浮现出来的也许只是孩子某种已经被我们观察到的特定行为，而我们之所以观察到这种行为，只是因为它吸引了我们的注意力。

我们想到的可能是曾经看到过的孩子调皮捣蛋的行为，或者是孩子因为备受压抑而爆发的心理或行为失常。

事实上，孩子精神活动的外在征兆是很隐蔽的。我们必须相信孩子的本质是善良的，并用爱去关怀孩子。只有这样，我们对孩子做出的评价才是准确的。

我曾经观察过一个三个月大的女婴发现双手的过程，在这个过程中，我有如下发现：这个女婴看上去正在观察自己的小手，她试着观察得更仔细一些，但是因为手臂太短，她只有使劲转动头部和眼睛才能看见自己的手。尽管女婴的身边有许多其他物品，但她更感兴趣的还是自己的手。女婴这样的行为只是出于一种本能，她为了满足自己的内在需求，宁愿采取一些不太舒服的姿势。

　　我拿了一些物品放到女婴的手中，试图让她触摸、玩耍，但她对那些物品并没有什么兴趣。她连看都没看，张开手让物品从她手中掉了下去。在那之后，女婴会不时地伸手，好像在试着抓住什么东西。当她这样做时，不论有没有真的抓住什么东西，脸上的表情总是兴奋的。

　　接着，女婴会满脸疑惑地看着自己的小手，好像在说："咦，为什么我的手有时候抓得住东西，有时候却抓不住？"很明显，女婴的注意力已经被自己的手吸引住了。

　　在女婴六个月大的时候，我有一次给她准备了一个银色的玩具摇铃。我让她将摇铃握在手中，教她摆动摇铃发出声音。玩了几分钟以后，女婴将摇铃扔在了地上。我帮她将摇铃捡起来，但她又会扔掉。如此重复了好多次。她似乎是故意丢掉摇铃，好让我给她捡起来。

　　有一天，女婴又拿着摇铃，却没有像往常一样，一下子松开所有的手指头让摇铃掉下去，而是先松开一个手指头，接着松开第二个，然后是第三个，直到五个手指头全部松开，摇铃才掉了下去。

　　女婴认真地看着自己的手，重复着一个接一个地张开手指头的动作。让女婴感兴趣的显然不是摇铃，而是她自己的手指，可以用手指抓住东西让她觉得非常有意思。

　　此时，女婴的妈妈表现得非常明智。她努力地克制自己，没有把摇铃收起来，而是和女儿一起做这个游戏。母亲清楚地知道，女儿的这些重复动作对她的成长是有帮助的。

这个事例告诉我们，哪怕在生命的早期，孩子的内在也是有一些需求的。

如果大人们没有发现婴儿对手的好奇心，可能会为了保护她的双手给她戴上手套。婴儿对手的研究就会受到阻碍。

假如父母不明白孩子的需求，可能会因为孩子总是将摇铃丢到地上而拿走摇铃，这样孩子就不会继续研究自己的手了。如此一来，孩子发展自己智能的道路上就有了障碍。

如果孩子正在全神贯注地研究和发现新事物，并尝试着从中获得快乐，而这时大人们打断了他，他可能会因此开始哭闹，但成年人则可能会将孩子这样的行为理解成是无理取闹。

大人与孩子之间从婴儿时期开始就竖起了一道高墙，这样的隔阂让成年人误解了孩子的行为，没有办法真正地了解孩子。

有人不相信年幼的孩子身上有内在生命的存在。一旦这些人了解了孩子的需求，意识到这些需求对孩子生命发展的重要性，就会努力了解孩子的内心，并且对孩子的发展予以尊重。

还有一个与之相反的例子。

有一天，一个小男孩正在观察一些图画，上面画着婴儿、花朵等图案。小男孩亲了亲画中的婴儿，又将鼻子靠近花儿，似乎在闻花香。

对于画中的婴儿和花朵，小男孩做出了不同的举动，这清楚地表明他明白这两者是不同的。

孩子的家人看到他这样的举动，觉得他非常可爱。在家人眼里，小男孩的举动除了让人发笑之外，没有任何意义。但是为了看到孩子更多可爱的举动，大人们拿来其他物品逗弄他。他们让小男孩嗅闻蜡笔，又让他亲吻枕头。然而此刻，男孩脸上原有的充满智慧的神情被困惑取代了。在此之前，他还因为自己能清楚分辨画中的东西而感到非常愉悦，因为对他来说，这样的分辨能力对其智能发展是极其重要的。但是，大人们鲁莽的干涉让这种智力发展的过程被打断了，同时也让孩子的独立发展受到了阻碍，孩子对此却无能为力。这种干扰对小男孩来说特别残忍，他只能不加思索地胡乱亲吻和嗅闻各种东西，然后跟着家人一起发笑。

很多成年人就像这个男孩的家人一样，常常在无意中抑制了孩子的自然发展，弄得孩子手足无措。当孩子因此而无助地哭泣时，大人们对自己犯的错误毫无察觉，只会认为孩子是在无理取闹。

成年人几乎不关心孩子为什么哭，也很少关注孩子因为心满意足而表露出来的愉悦。在孩子刚刚出生时，孩子与大人之间的拉锯战就正式开始了。

大人们讨厌孩子哭闹，希望孩子能在摇篮里睡觉，即使那些哭闹声其实是孩子发出的求助信号。其实孩子充满活力时对睡眠的需求并不多。

孩子在清醒的时候，眼神会很明亮，还会流露出想与大人交流的神情，将目光停留在那个可以帮助他的成年人身上。此时成年人应该去帮助孩子。

有人认为，相对于妈妈这个人来说，婴儿可能更喜欢妈妈乳汁充沛的乳房，这句话的意思好像是说，以后孩子会亲近与喜爱任何能给他好吃的东西的人。其实对孩子而言，这种说法是不对的，准确地说，早在孩子降生之初，他就会自然而然地亲近那些能给他的精神发展提供帮助的人。

我们应该明白，**孩子期望得到成年人的陪伴，即使只是和家人在一起吃饭，或者围着火炉一起烤火，他们也会感到很满足。因此，他们想尽一切办法去融入成年人的生活。**

原则二：我们要全力支持孩子活动的意愿，帮助孩子培养独立的个性，不能让他习惯于依赖成年人。

孩子开口说的第一个字和迈出的第一步，是在他发展过程中最具意义的里程碑，也是我们可以观察到孩子独立的最初证明。第一个字开启了孩子语言发展的道路，第一步则意味着孩子直立行走历程的开端，这两个现象对每一个家庭来说都意义非凡。

孩子要学会走路和说话是非常困难的，因为用孩子矮小无力的双腿去支撑他大大的脑袋和小小的身子，同时还要保持平衡是很艰难的；另一方面，开口说话这种表达方式也是极其复杂的。为此，他们需要不断地努力。

说话和走路并不是孩子最先获得的两个能力，而只不过是其成长过程中最明显的两个进步而已。事实上，孩子在学会说话和走路之前，他的智能和平衡感就已经发展到了一定程度，这段必然经历的过程也值得我们用心观察和研究。

虽然，孩子会自然而然地长大，但需要以充分的练习作为前提。一旦缺乏练习，孩子的智能水平就没有办法得到较高的发展。

有些父母不太细心，从婴儿断奶开始，就时常粗鲁又急切地把食物不断塞进孩子的嘴中。如果我们在孩子吃饭时能有足够的耐心，在一旁陪伴，让他慢慢进食，渐渐地我们就会发现，孩子已经可以自己拿汤匙吃饭了。

孩子学会自己吃饭，父母的功劳也不小。因为父母需要为此付出极大的耐心和爱心，他们不仅要喂养孩子的身体，还更要关注孩子的精神成长。

在育儿过程中保持干净整洁固然很重要，但是相比较而言，给予孩子精神上的滋养则更加重要。

婴儿刚开始学习自己吃饭时，无法熟练地使用餐具，因此他肯定很容易将饭菜弄得满身满桌都是。这时父母就不要再坚持让孩子保持干净整洁了，而是应该满足孩子自己动手吃饭的精神需求。

其实，孩子的生理和心理都会随着大量的练习不断发展，他的动作会变得越来越熟练，慢慢地也就不会再把食物弄得到处都是了。

如果孩子吃东西时能保持卫生，就说明他的生命发展已经取得了一项实质性的进步，这也是孩子心理发展的一件幸事。

　　我们可以通过观察孩子持续重复同样行为的次数，来确定他的意志力如何。孩子在学会走路和说话之前，也就是1岁左右时，他的内心就有一个声音在指导着他的行为。

　　吃饭时，这个声音会告诉孩子："我要自己用勺子吃东西。"即使会因为不能成功地将食物送进嘴里而饿肚子，他也不想要别人帮他。只有当满足了自己动手吃饭的精神需求之后，他才会让大人喂饭。

　　哪怕自己吃饭弄得全身脏兮兮的，孩子的脸上也会洋溢出愉快的笑容。这时，孩子自己动手的需求得到了满足，所以他会很乐意把食物都吃进去。

　　通过这样的引导，1岁左右的孩子就可以自己吃东西了。虽然他还不懂得说话，但是他已经能听懂别人跟他说的话，而且还会用动作或手势来回应了。

　　孩子的这些行为能让人感觉到他已经有一种开化的智慧了。当我们说"洗一下手吧"，孩子就会去洗手；当我们说"将地上的东西捡起来吧"，孩子也会听话照做。而且他做每一件事情时都会特别认真。

　　有一次，我带着一个不到1岁的小男孩去乡下，他刚刚学会走路，所以走起路来还跌跌撞撞的。当我们走到了一条石子路上时，因为害怕他会跌倒，我忍不住想去牵他的手。

　　但是我克制了这个冲动，只是提醒他"走到另一边去""小心，这里有石头"。他仔细地听着我的每句话，小心翼翼地走路。那一次，他不但没有跌倒，还走得特别稳当。

我每说一句，小男孩就跟着我的指示走一步，我说的很小声，他却听得很仔细。对于他来说，按照我的指引走路是非常有趣的，因此整个人都兴奋不已。

父母有责任通过这样的方式来教导孩子。如果我们只是给孩子准备了大量对其生命发展毫无用处的东西，那是无法真正帮助到孩子的。

只有关心并配合孩子的精神发展，才能让他获得最大的帮助。此外，了解孩子的天性与尊重孩子的本能活动这两件事情也具有重要的意义。

原则三：我们必须时时刻刻都注意与孩子相处的方式，因为孩子的情感非常细腻，心思也很敏感，特别是受到外界的影响时。

如果我们既没有足够的经验，对孩子也缺少爱意，就很难在生活中发现孩子流露出的真情实感；如果我们不懂得如何尊重孩子，就只能在孩子行为激烈的时候才觉察到他们的异常。到那个时候，一切都已经晚了。

孩子之所以反应激烈，是因为我们忽略了他内心的某些需求，等到孩子开始哭闹之后我们才去安慰他，已经来不及了。

有的父母会采用另一种方法，他们根据以往的经验，知道孩子哭闹一段时间后就会安静下来，所以他们不会被孩子的眼泪打动，也不可能去安慰孩子。这些父母认为，只要孩子一哭闹大人就去安慰，不仅会把孩子惯坏，还会让孩子养成用眼泪来吸引大人注意力的坏习惯，这样被宠坏的孩子就好像变成了父母的主人一样。

在此，我必须解释一下。尽管孩子的哭泣看起来像是一种无理取闹的行为，但其实是他的内心充满挣扎与痛苦的表现。而且孩子的第一次哭闹，是在我们做出安慰的行动之前就已经开始了。

孩子为了进行内在的建构，需要一个平和且稳定的环境，这会让他感到安心。在这样的环境下，他也能得到充分的休息。但是，成年人却总是干涉孩子的活动。成年人总是想将某些东西在短时间内全盘灌输给孩子，但是孩子根本来不及消化和吸收，就像吃撑了会消化不良一样，难受到不停地哭闹。

我们时常会忽略孩子真正的需求。虽然我们很难猜测到孩子哭闹的原因，但他们的眼泪却可能是真正问题的答案所在。

有一个小女孩海伦，她还不满1周岁。她经常用西班牙加泰隆尼亚方言中的"pupa"这个词来表达"不好（bad）"的意思。每当她撞到了家具、感觉冷了、手触摸到了冰凉的大理石板或者粗糙的东西，又或者是经历了其他一些不开心的事情时，就会说"pupa"这个词。

当海伦伸出自己被弄疼的小手给家人看时，他们通常会安慰她几句，或者亲亲她受伤的手指。这时，海伦认真地观察到了家人对她的关爱，她就会说"pupa，不（no）！"她好像在告诉别人："我已经好多啦，你不用再安慰我了。"

通过这样的互动，海伦不仅知道了如何对他人表达自己的感受，还学会了体谅别人对她的关爱。她没有变成一个被宠坏的孩子，因为家人没有给过她任何一个毫无意义的安慰或拥抱。

我们通过关心孩子的感受，就可以引导他们观察人与人之间的互动，还可以帮助他们发展自己的社交能力；关心孩子的感受，就是帮助他们积累日常生活中的社交经验，孩子纯真的情感天赋也能因此得到顺利的发展。

如果孩子跟我们说，他因为某些事情而感到不开心，我们必须接受他这种状态，并给予他适当的安慰，但要注意不能过分夸大孩子不愉快的情绪。

如果孩子感到不开心时，我们感受到了他的不愉快，并且还告诉他这没关系，他就容易因此而和我们产生情感上的共鸣。这样做可以鼓励孩子面对自己的情绪，还能引导他们学会排解不好的情绪。

千万不要否定孩子的感觉，也不能对孩子的情绪视而不见。但是，也不能过多地谈论孩子的情绪，或者过分渲染他的感受。这时候，孩子需要的只是温柔的、充满关爱的话语。孩子在得到适当的安慰和关爱之后，就会继续探索身边的事物，继续自由地体验生活，这对他的身体发展也会有很大的帮助。

海伦不会动不动就哭闹，当有不愉快的事情发生时，她就会不停地对自己说"pupa"这个词，然后希望有人来给她安慰。

有一天，海伦生病了，她不停地对妈妈说："pupa，不。"就好像是在安慰自己一样。

和其他同龄的孩子比起来，当遇到身体不舒服的情况时，海伦的忍耐力会更强，她不仅懂得如何调整自己的情绪和感觉，还能够像成年人一样抛开烦恼。

看到别人伤心地流泪时，很多孩子会跟着哭泣。海伦和另一个孩子劳伦斯也是如此，他们很容易被他人的情绪所感染。例如，有人假装要打护士，或者假装要打他们的另一个小伙伴时，他们俩马上就会哭起来。

当看到别人哭泣时，海伦会立即走过去，温柔地亲一亲这个人，并用一种自信的语气对他说："pupa，不。"她是想用这句话来告诉他"不要怕，没事了"。

虽然海伦还不太会说话，但她安慰人的语气却很坚定。而劳伦斯的表现则更积极。

如果劳伦斯的爸爸举止粗鲁，例如撞到了劳伦斯，劳伦斯并不会哭，而是会表情严肃地站在爸爸面前，用责备的语气叫道："爸爸！"他的意思好像是说"爸爸，你不能这样对我"。

有一天，劳伦斯正躺在床上休息，爸爸却在隔壁房间里跟人大声说话，影响了他睡觉。于是，劳伦斯从床上爬了起来，大声喊道："爸爸！"

听到劳伦斯的声音，爸爸明白了他的意思，于是压低了声音。这时，劳伦斯才心满意足地伸伸懒腰，继续躺下休息了。

我还记得在海伦3岁时，曾发生过这样的事情：海伦的姨妈从我们儿童之家拿了一些做教具的色板给海伦看，其中有一块色板被姨妈不小心掉到地上摔坏了。

这时，姨妈赶紧借机教育海伦："海伦，你看，拿东西的时候一定要小心哦。"

海伦回答姨妈："对哦，要小心，不能让它掉到地上。"

孩子就是如此单纯，"有一说一，有二说二"。孩子也会指责成年人，而且只有当成年人解释清楚之后，孩子的正义感才会得到满足。

我们不必在孩子面前做一个完美的人，我们需要做的是，审视自己的不足，虚心接受孩子的批评和指正。只有这样，当我们在孩子面前做了不恰当的事情时，孩子才能原谅我们的过错。

帮孩子
集中注意力

如果孩子的内在精神得到正常发展，那么他就能成为一个有个性的人，并最终获得顽强的意志与健全的心智。

Chapter 17

如果孩子生活在有利于其精神发展的环境中，那么我们就希望他能尽快地将注意力集中在某个物品上，并且按照事先设定的目标多次重复使用它。

　　我们发现，每个孩子重复使用物品的次数不尽相同，有些孩子会重复20次，有些孩子会重复40次，有些孩子甚至会重复200次。这种现象往往预示了孩子的精神发展。

　　孩子的这种表现是某种原始的内在冲动所促成的，这就好比人在精神饥饿时会具有某种模糊的意识一样。只有将孩子的意识指向明确的目标，并让它转化成一种基础且可重复进行的智力活动，才能释放精神饥饿所产生的冲动。

　　例如，一个孩子正在尝试将圆柱体放进合适的孔洞中，当重复了三四十次这样的行为之后，他忽然犯了一个错误，或者说发现了一个问题。最后，这个孩子自己解决了这个问题。这样一来，他对这种活动的兴趣就会越来越大，于是不断重复这个活动。这个过程会不断促使他进行心理活动练习，促进他的精神发育。因为内在意识由此得到了发展，所以孩子通常在这个过程中很愉悦，而这种愉悦又能促使他不断地重复操作过程。这就仿佛一个口渴的人为了解渴而不停地喝水一样，不能只是抿几口，而是要喝到身体所需的水分都补充足够了为止。

同样的道理，想要解决孩子的心理饥渴，只让他观察或者听别人描述显然是不够的，我们必须让他得到那些物品，并充分地使用，才能满足他的内在需求。这些是孩子进行心理建构的基础，也是我们对孩子进行行为教育的唯一秘诀。我们给孩子创造的环境中应该有能让孩子自由活动的场地，这样做也是为了满足孩子们的精神活动需求。

我们为孩子准备了活动用品——那些圆柱体，不仅是为了让孩子了解物体的大小、形状等知识，也是为了像利用其他物品一样，来培养孩子的主观能动性。

在反复练习使用这些物品的过程中，孩子能准确地获得他能理解的知识，而且在学习这些知识的时候，孩子还能学会保持同样程度的注意力。

如果从范围、形状、颜色等方面了解物品，人们获得的知识是精确的。正因为如此，人类的精神活动才能渗透到各个领域，才有可能取得更大的成就。

目前，心理学家普遍持有这样的观点：三四岁孩子的注意力是不稳定的。孩子在这个年龄段时，注意力很难集中在同一个物体上，目光所及之处的每件物品都会吸引他们，因此他们会不停地将注意力转移到不同的物品上。

让孩子集中注意力非常困难，这对于心理学家来说，正是儿童教育面临的一个困境。心理学家威廉·詹姆士曾提出以下观点：

"众所周知，孩子的注意力很容易发生改变，从我们给孩子们上课的过程中就能发现这一点。不得不说，他们的课堂表现确实非常糟糕，毫无秩序可言。

"由于孩子的注意力容易改变，而且这种注意力通常是被动的，因此孩子更容易走马观花似的浏览物品，会被其偶然观察到的每一样东西吸引。作为一个老师，在教导这个年龄段的孩子时，首先必须克服的难点就是如何吸引孩子的注意力。

"从注意力多变的状态自动恢复的能力是孩子判断力、性格和意志形成的基础。我认为，能够帮助孩子们改进这种能力的教育才是最优质的教育。"

如果一个人做事只依靠天性，那么他的注意力就难以集中，他会因为好奇而不停地在各种物体之间转移注意力。

在我们的教育实验中，不能依靠老师来强迫孩子保持注意力，而是要凭借某个可以吸引孩子注意力的固定物品来实现。

孩子最初的行为表现缘于一种外部刺激，这种外部刺激是真正意义上的精神乳汁。孩子专注的神情表明他的注意力是高度集中的。

如果一个婴儿正含着妈妈的乳头吃奶，此时无论周围发生了什么事情，他都不会停止吃奶，除非他已经吃饱了。

我们曾见过一个只有3岁的幼儿将同一个活动连续重复了50

次。当时，这个孩子身边有许多人走来走去，还有人在弹琴和唱歌。虽然环境如此嘈杂，但是孩子的注意力丝毫没有受到干扰，因为他正专注于吸食"精神的乳汁"。

这种奇迹只有大自然才能创造出来。心理行为的源头是自然，我们必须通过探索大自然的奥秘才能真正了解心理行为。

要理解自然，首先必须了解自然的初始阶段，因为最简单的东西往往才是揭示深刻真理的基础，为我们解释更复杂的现象指明方向。事实上，为了揭开生命的奥秘，许多科学家都这么做了，他们的研究就是从观察自然界中各种生物自由活动的特点开始的。

假如昆虫学家法布尔在观察昆虫时干涉了昆虫的活动，没有让昆虫自由地展现其自然状态；假如他选择将昆虫抓进实验室里进行研究，那么就无法揭示昆虫的真正特点。

如果要研究孩子的注意力，自由是一个必备的条件，只有让孩子自由发展，才能真正提高孩子的注意力。

想刺激孩子的注意力，主要是通过感觉。发展孩子的适应性必须顺应自然规律，因为此时孩子的生理尚未发育完全。

假如某件事物在发展适应性的过程中无法有效地激发孩子的适应能力，它就不能持续地吸引孩子们的注意力，还有可能引起孩子生理上的困倦，甚至伤害他们的眼睛、耳朵等器官。

假如孩子可以自由且专注地使用自己所选择的物品，他就可以清晰地感受到一种健康、快乐的身体官能活动，并且体悟到这样的练习对自己的各个器官是有利的。

与此同时，与这种刺激相关的神经中枢也要为促进想象的形成做好准备。也就是说，孩子也要为适应做好心理准备，这对集中注意力十分重要。

具体来说，当孩子的身体器官感受到外部刺激时，其大脑神经中枢会通过内部程序依次兴奋起来。这个过程就像一扇关闭的门被打开了：外部刺激先敲门，内部力量才能将门打开。

假如内部力量无法把门打开，就算有再强烈的外部刺激也没有用。一个心不在焉的人也许会一不留神就跌入峡谷，但一个工作时全神贯注的人却能无视街上乐队吵闹的演奏声。

人的注意力是心理学家最感兴趣的内容，它在教育上也具有极高的实用价值。一名优秀的教师必须抓住孩子的注意力，只有这样才能让孩子对教学过程充满期待，而且在外部刺激"敲门"时，老师一定要帮助孩子激发其内部力量来"开门"。如果老师不了解这一点，就很难吸引孩子的学习兴趣。

孩子很难集中注意力好像也表明了，心思敏捷的人会受到自然法则的约束。

威廉·詹姆士说过："精神力量是生命的神秘因素之一"。但丁也说过："人类不知道自己的最高智慧从何而来，也不知道自己对物质的欲望怎样产生，这一切就像蜜蜂酿蜜一样仅凭本能。"

人们对待外界事物的特殊态度形成了其天性的一部分，也决定了人的性格特征。我们总是会将注意力集中在自己感兴趣的东西上，而不会关注那些无关紧要的东西。

那些能唤醒我们内在活力的外部事物才会激发我们的兴趣。我们会筛选来自外界的信息，使它们更符合我们的内部需求。例如，画家最关注的是丰富的色彩，音乐家最感兴趣的是优美的声音，植物学家最关心的是植物，而动物学家对动物则最有兴趣等。

即使大家都生活在相同的环境中，每个人的个性特征、内在需求等方面也会有所差异。每个人会在环境中找寻符合自己需求的东西。

虽然每个人从外界环境获取的经验不同，但这些不同不仅不会造成混乱，还会受到每个人个体能力的支配。

孩子的专注力是其内部力量发挥作用的结果，没有任何老师可以用任何方法来强迫孩子专注于某个物品。

通过研究史料上记载的天才，我们会发现，尽管他们的性情各不相同，但他们都有一个共同点：做事时都非常专注。

比如，在传闻中，当敌人攻下叙拉古城时，阿基米德正在伏案研究几何图形，一直到他被杀害，他都没有分心；牛顿曾因为沉迷于做研究而忘记了吃饭；意大利诗人阿尔费尔瑞在创作诗歌时，竟然完全忽视了从他窗前经过的喧闹的结婚队伍。

天才们具有的高度专注力是无法被任何一个老师唤醒的。无论拥有多么高明的教学技巧的老师，都不可能做到这一点。

由此可见，是孩子内心的某种精神力量在帮助他打开通往注意力的大门。

如果这个观点是正确的，那我们就不能将重点放在老师的教学技巧上，而应该关注"自由"对孩子心智建构所起的作用。

按照这样的逻辑分析，建立一种新的教学方法的前提，就是利用外部力量为孩子提供符合其内在需求的营养，并且最大限度地尊重他们的自由发展。

我们需要通过科学的实验研究找出孩子心理构建需要的东西，由此，我们可以发现各种复杂的生命现象。

合理摄入营养的孩子，他的大脑、胃和肌肉会一同成长发育。同样的道理，理性、意志以及性格的发展在整个生命的发展过程中是同步进行的。

首先，我们会观察到孩子认知能力的萌芽，这是孩子智力发展的第一颗胚芽。之后，孩子通过认知建立起一种类似注意力的心理机制。接着，生命会开始进行从未知到已知、从简单到复杂、从容易到困难的演变。

从未知到已知的演变，并不是从一个物体转移到另一个物体，而是在孩子的内心建立起一套复杂的意识体系。这一体系是孩子通过一系列心理过程自主建构的，它展现了一种内在的心理发育过程。

为了帮助孩子完成这个体系的构建，我们必须为孩子提供数量充足且系统复杂的、符合孩子本能的物质材料。例如，我们可以为孩子准备大量的物品，来引起他对颜色、形状、声音等方面的关注。孩子会以自己独特的方式利用各种物品进行活动，从而建构自己的心理个性并获得对事物清晰、有序的认知。然后，这些能表现出不同形状、大小、颜色、重量和硬度的物品，就与孩子的心理产生了联系。

某些东西开始在孩子的意识中形成，孩子会对它们充满期待，并随时准备接受它们。当孩子在这种原始本能的基础上，又注意和认识到外部的事物时，他就与这个世界建立了某种联系，对这个世界的兴趣也就更加广泛和浓厚了。

过去的教育观念认为，如果想让孩子将注意力集中到未知的事物上，就应该将已知和未知的事物联系起来，这样孩子才能在获取新知识的过程中增加自己的兴趣。然而，实验观察表明，这是一种片面的观点，它只看到了复杂现象中的一些无关紧要的细节。

其实，孩子已经获得的知识会让他的兴趣转向更复杂、更具有崇高意义的事物上，而且还会不断扩充他的知识经验。孩子也会因此在头脑中建立秩序。

在课堂上，老师会简单明了地告诉孩子：这是长的，这是短的，这是红的，这是黄的。老师用一个个简短且固定的词语描述物体，同时还进行了分类。通过这样的引导，孩子会在头脑中将不同的映像完全区分开来，物体在孩子的头脑中有各自明确的位置，并且还可以通过一个个词语回忆起来。因此，新知识和旧知识不会被孩子混淆，因为它们会被存储在大脑合适的位置里，大脑会对它们进行总结并分类，就像图书馆里的藏书那样井然有序地摆放。

于是，孩子的内心就会产生一种渴望获得新知识的动力，并且还会让所获得的知识形成一种秩序，而这种秩序又在不断获得新知识的过程中得到完善。由此可见，内在的协调性与生理上的适应性一样，是在内在自发活动的基础上建立起来的，人的内部条件决定了其个性的自然发展、个体的生长与组织的建构。

老师可以在一定程度上控制这些现象，但是进行控制时一定要小心谨慎，以免孩子的注意力转向了老师。一个优秀教师最重要的品质就在于理解和帮助孩子，不能干预孩子身上出现的自然现象。

接下来，再举一个身体营养的例子来进行说明。婴儿长乳牙之后就会分泌胃液了，这时需要进食更加复杂的食物，大人们则会利用各种烹调技术来给孩子提供食物。其实，在保障身体健康发育的原则下，孩子只能消化和吸收自己身体最需要的食物。如果孩子摄入的食物过杂，或者食用了一些不寻常甚至是有毒的食物，就会导致营养不良，甚至引发疾病，危害身体。

然后我们谈论一下有关注意力的问题。对大一点儿的孩子来说，我们应让他将注意力集中在那些作为生命基础的本性以及那些作为生活基础的刺激物上，不管这些东西如何变化，它们都是教育的基础。

有一些"专家"并不赞同我的观点，他们认为孩子应该养成注意任何事物的习惯，哪怕是不喜欢的事物。他们觉得这是现实对孩子提出的要求，孩子必须为此而努力。这种观点带有偏见，就好像在一个家庭中，严厉的父亲要求孩子们"应该习惯吃所有的食物"一样。

如果人们一直用这种教育方式，那么可能出现的情况是：如果孩子在吃饭时因为不喜欢而拒绝吃某一道菜，他的父亲就可能因此惩罚孩子一整天都禁食。或者父亲会不允许孩子吃其他的东西，只让孩子吃那道他不想吃的菜，即使这道菜已经变凉甚至令他作呕，他也不得不吃下去。最后，意志薄弱的孩子可能会败在父亲的强权下，不得不将那盘自己讨厌的、已经变凉的菜吃下去。孩子的父亲可能会因此骄傲地宣称：不论发生任何情况，他都能安排好孩子的生活，他提供的任何食物孩子都能听话地吃下去，他的孩子既不任性，也不贪吃。

为了不让孩子养成贪吃的坏毛病，有些父母的做法非常粗暴：不让孩子吃晚饭，让他们空着肚子上床睡觉。

到目前为止，那些认为"孩子对自己没有兴趣的事物也要关注"的人，依然会采用类似的方法教育孩子。

然而，即使是一个不偏食在孩子，当他看到那些变凉的、令人作呕的食物时，也不会认为那是一道美味，只会觉得它们难以下咽。这种食物会让孩子消化不良，对孩子的身体造成伤害，让孩子越来越虚弱。

如果长期这样对待孩子，孩子就难以拥有坚强的意志去面对生活中的困难以及其他问题。如果孩子吃了冷饭菜或不易消化的食物，就很容易因为抵抗力差而生病。

从道德的角度来看，以上做法也不利于孩子的成长，会让孩子童年时的欲望无法得到满足，而原本通过这些欲望的满足，孩子能够获得自由和快乐。如果孩子童年时的欲望受到压抑，等他成年之后，就容易在吃喝方面变得毫无节制。

反过来，那些被大人们合理地喂养的孩子，会拥有健康的身体，也会成为对欲望有节制的人。这样的孩子长大成人后，生活和饮食习惯都会很健康，他们既不会酗酒，也不会暴饮暴食。

现代人能从多方面抵御疾病的侵袭，会主动地做好各种防御措施，会有尝试和体验各种艰苦的劳动的勇气，会尽力去完成一些伟大的事业，能够勇敢地面对道德冲突，让自己的心灵得到净化。只有这样的人，才能成为意志坚强、锲而不舍且决策果断的人。

如果孩子的内在精神得到正常发展，他就能成为一个有个性的人，并最终获得顽强的意志与健全的心智。

孩子的精神发育需要一个温暖的"巢穴"，只有在这里，成年人才能为他们提供充足的精神营养，为他们精神的发展打下坚实的基础。

因此，我们必须为孩子提供符合其精神成长的物质和环境，用最小的代价让孩子发挥出最大的潜能。这就是教育的目的。

培养孩子的
坚强意志

如果一个意志薄弱的孩
子获得了自由，他就能按照
内心的意愿进行自由活动，
那些有规则的活动会训练他
们在过分冲动和极度抑制之
间得到一种平衡。

Chapter 18

　　孩子能从大量物品中选出自己所喜欢的；孩子能在餐柜里拿出食物后却不吃掉，而是又将它放回原处或是和其他伙伴一起分享；当孩子想玩的玩具正在被他人使用时，他能在一旁耐心地等待；孩子能专心致志地练习，并且在这个过程中随时纠正自己的错误；孩子能安安静静地坐在座位上，直到被老师点名时他才站起来，而且当他站起来或者走动时，会小心翼翼地避开桌椅，以免发出声音……以上这些情况都表明，孩子已经具备了意志力。

　　我们必须认识到，意志对孩子才能的发挥起着重要的作用。下面，我们来分析一些与意志有关的因素。

　　意志是通过人的行动来体现的，不管人们采取了什么行动，例如走路、工作、说话、写作，还是睁开眼睛凝视或者紧闭双眼不看某样东西，他都会被自己的意志所控制。

　　意志对人的某些行为具有抑制作用，例如，它能够抑制我们由于愤怒而出现的冲动行为，阻止我们因为一己私利而去抢劫或者伤害他人。

　　这些行为都是自愿的。因此，意志不仅能抑制简单的冲动，还能让行为变得更理智。

人如果没有行动，其意志就无法体现出来。例如，一个人有做好事的想法但没有采取实际行动；想弥补自己的罪过却没有任何动作；想去访问他人或与友人通信但没有做任何事情，那么他就没有完成有意志的行动。

只有空想或者许愿是不够的，意志必须通过行动体现出来。而且实现意志最关键的一点也是行动。意志力有多强，执行力就有多强。

我们所有的行为都是冲动和抑制两种力量相互制衡的结果，在这两种力量的协调下，我们会不断地重复某些行为，形成习惯性或无意识的行动。事实就是如此。如果我们评价一个人的行为举止是有教养的，就表明他几乎一切无意识的举动都是有教养的。

我们也许会因为一时冲动而想去拜访某个朋友，然而如果我们意识到那一天并不是朋友接待客人的日子，突然造访可能会打扰他，那么就会放弃这样的冲动。

当我们舒服地坐在某个地方时，如果迎面走过来一个德高望重的人，我们就会不自觉地起身与他握手或者向他鞠躬。

假如我们正在吃蜜饯，而正好邻居也爱吃这种蜜饯，那我们吃的时候就会尽量地避开邻居……

由此看来，**行为举止不仅能体现出我们正受到某种冲动的支配，还能体现出我们的礼貌和教养**。如果没有冲动，任何活动我们都不会参加；反过来，如果没有抑制力，我们的某些冲动就无法得到修正和控制。

正是由于冲动和抑制两种相反力量的相互制衡，才让我们训练和培养出了习惯。在这些习惯的影响下，我们做事时就不需要付出太多努力，也不需要推理或具备某些知识才能完成。

当然，这里我们所说的行为不是由本能引起的，而是后天习得的。

相比成年人而言，孩子的冲动和抑制两种力量尚未发展平衡，他们常常容易冲动，还会因为抑制力不足而导致意志缺乏，最终放弃完成某些事情。

在孩子身上，冲动和抑制尚未融为一体，无法为帮助他们塑造出一种新的个性。一直到心理萌芽阶段开始时，孩子的冲动和抑制这两种力量都还是相互分离的。

但我们不能因此就放弃努力，因为冲动和抑制的融合与适应必定会发生，并最终为意志的发挥起到支撑作用。

我们必须帮助孩子激发这种融合与适应的发生，因为这是人类个体发展的基本内容。我们的目的并不是将孩子培养成早熟的"绅士"或者"淑女"，而是为了锻炼他们的意志力，让冲动和抑制建立一种和谐的关系。

为此，我们应该让孩子参加各种活动，通过日常生活来锻炼他们的意志。例如，让他们专心致志地做某件事情、彻底忽略那些与此无关的活动；让他们选择能锻炼肌肉协调性的活动并坚持训练下去，直到这种协调性的动作成为一种习惯。

当孩子懂得了尊重他人的工作；当孩子能耐心地等待自己想要的东西，而不是从别人手中抢夺时；当孩子在走动时尽量不会撞到小伙伴或者弄翻桌椅时，就是他们在锻炼自己的意志，努力让自身的冲动和抑制获得平衡。这种意志的形成将为孩子将来融入社会生活打下坚实的基础。

只有让孩子们在与他人自由交往的过程中努力进行相互适应的训练，他们才能建立起社会化的习惯。

如果只通过言语说教，告诉孩子应当做什么，是无法培养他们的意志的。只靠向孩子灌输"礼貌""权利和义务"等观念，孩子的举止也不会变得优雅大方。

在所有类似的活动中，要让孩子发展成型，最基本的就是要训练他的意志力。

在孩子的早期教育过程中，如果要培养孩子的个性，就必须调动所有有用的机制。就像培养运动能力时一样，让孩子做体操很有必要，因为如果孩子的肌肉没有经过锻炼，就无法完成那些需要肌肉力量的运动。

人如果得不到锻炼，身体就会有缺陷，一个人如果肌肉没有力量也就没有动力进行包括精神活动在内的各种活动。因此，为了保持心理的能动性，类似心灵上的体操也是十分必要的。一旦遇到危险而要采取某种行动时，肌肉无力的人可能就会因此丢掉性命。

有些孩子虽然很容易适应校园生活，能够坐在教室里听讲，但他们的意志很薄弱，甚至可能丧失了意志。尽管老师认为他们"表现优秀、成绩进步"，但其实他们的精神已经混乱了。

老师通常会用"乖孩子"来形容这些孩子，然而他们只能生活在没有干扰的环境中，像流沙一样被虚弱所吞没。

另一方面，老师会指责那些生性好动的孩子是"调皮鬼"，因为他们会经常制造混乱。这样的孩子通常很难安静下来，他们的行为会打扰那些安静学习的孩子，常常被描述为"侵犯其他同学"。

还有一类孩子会受到抑制力的支配，他们表现得十分害羞，回答问题也总是犹豫不决。即使他们知道问题的正确答案，也不敢大声说出来，有时甚至因为害羞而在回答完问题之后哭了起来。

对以上这三种类型的孩子，我们一定要让他们多参加自由活动。当意志薄弱的孩子看到其他孩子一直在进行有趣的活动时，也会受到有益的刺激。

如果一个意志薄弱的孩子获得了自由，他就能按照内心的意愿进行自由活动，那些有规则的活动会训练他们在过分冲动和极度抑制之间得到一种平衡。

事实上，这也是人类获得解放的基本方式，弱者会因此获得力量，强者会因此更加完善。

无法找到冲动和抑制之间的平衡点，是一个普遍存在的问题，病理学也一直在研究这个有趣的问题。普通人有时也会出现这种问题，只不过程度较轻而已。

罪犯会因为冲动而做出危害他人和社会的行为，正常人也会因为冲动做出某些轻率的行为，进而会给自己或他人带来痛苦。

在很多情况下，冲动会给正常人带来较大的危害，让他们的生活或事业遭受损失，让他们的才能发挥失常。

在病理学诊断中，如果一个人成了自我抑制的牺牲品，那他必然非常不幸。即使他有时处于安静的状态下，但他的内心依然会强烈地渴望能行动起来。

如果一个人的冲动长期得不到满足，就会使他的灵魂反复受到折磨，这种压抑感会让他感到生不如死。现实中不知有多少人经历过这样的苦难！

本来，这些人有机会让自己发挥出更大的价值，但他们却没有这样做；本来，他们曾无数次地想表达自己的真实情感，以扭转这种痛苦的局面，但他们却无法敞开心扉，总是独自默默忍受着内心的极度痛苦。除了通过自由活动来锻炼可以促进冲动和抑制相互平衡的意志以外，没有任何办法可以解决这样的问题。

在此我们必须确认一点，那种只靠潜意识就能采取"正确行动"的人，并不是我们所说的"有意志力的人"。例如，我们前面提到的出身高贵、举止优雅的妇女，也可能只是一个缺乏意志、毫无个性的人。人类社会需要的并不是这样的人。我们要培养的是人的自我意志，这是建立人与人之间以及人和社会之间关系的基础。社会文明正是依靠一代代人坚韧不拔的意志才得以发展的。

意志是人内在个性和谐的基础，如果没有它，生命就会分离成单个的细胞，没有组织且一片混乱，而不是一个相互联系的有机体。

意志体现了个人的情感和思维脉络，体现了人的个性，也就是我们通常所说的性格。有性格的人才能做到坚定不移，才能成为一个忠于自己的言行、信念、情感和思维的人。

正是这些有意志的人坚持不懈地工作，才创造出巨大的社会价值。

任何一个罪犯在萌生犯罪冲动之前，在背叛自己的情感之前，在失足或放弃高尚的信仰之前，通常会出现懒惰、不能持之以恒的现象。

一个忠厚老实、举止得体的人，在行为失常或神志不清的现象显露之前，也会有一种先兆，那就是无法专心地工作。

我们习惯性认为，一个勤劳的姑娘会成为贤惠的妻子，一个优秀的工人应该是忠厚老实的。这里所说的"优秀"，不是指个人能力，而是一种坚持不懈、百折不挠的精神。

例如，有这样一位艺术家，他拥有非常高超的制作工艺，但他工作时却缺乏意志，人们一般不会觉得他有多了不起。因为在人们看来，他不但无法兴家立业，做一个称职的丈夫和父亲，而且还有可能会危害社会。

与之形成鲜明对比的是一个态度谦卑、热爱工作的手工业者，她内心具备创造幸福的一切要素，她是一个有个性的人、一个可以征服世界的人。

如果孩子在自己的精神生活中建立了内在的秩序和平衡，使自身的个性得以发展，并且能够专心致志、坚持不懈地工作，那他就像个大人一样能为社会创造出精神财富。

这样的孩子正在努力让自己的意志变得坚定，努力成为一个有个性的人、一个集人类优良品质于一身的人。他所有的努力会让他最终获得成功者必需的基本特征：坚韧不拔的意志。只要孩子能够做到坚韧不拔，面对任何工作，他都能做得很好。

工作本身并不是真正有价值的东西，对待工作的积极态度才是，工作只是培养和充实内心世界的一种途径。

有些成年人总是打扰孩子，让孩子去做一些在他们看来更重要的事情。例如，如果成年人觉得地理对提高孩子的修养更重要，就会阻止孩子学算术。他们混淆了目的和方法的关系，这样做只会毁了孩子。

如果坚韧不拔是意志的基础，那我们就可以将做出决定当作通过意志采取的行动。为了完成需要意志的活动，我们必须做一些选择。

如果我们有很多帽子，那么出门时就必须选择要戴的那一顶。帽子是褐色还是灰色并不重要，重要的是选择的过程。在做出选择时，动机非常重要，根据我们偏好的颜色这一动机，我们就能迅速做出选择。

选择帽子并不困难，人的习惯会在这个过程中起到一定的作用。但是当我们要做出一项重大的决策时，情况就不同了。

如果我们很难自己做出决定，就会去寻求他人的帮助，希望得到对方的指点。但是这并不是说，我们一定要依照他人的建议来做决定。

听从他人的建议与按照自己的意志来做决定，是不同的。尽管我们从他人的建议中获得了一些知识和经验，但是我们在此基础上做出的选择会被打上自己的烙印，这个选择也就成了我们自己的决定。

当一位家庭主妇在为客人准备晚餐时，她需要选择合适的食物，如果她对此很有经验，那么即使没有他人的帮助，她也能轻松地做出决定。

然而在日常生活中，我们做出的很多决定都必须耗费脑力，甚至需要我们付出巨大的努力。如果一个人意志很薄弱，那他就会觉得做出决定很麻烦，因此会尽量避免做选择，并让他人帮自己做决定。

我们只有加强对意志的训炼，才能摆脱对他人的依赖。如果我们能做到思维清晰、决策果断，就会有很强的自由感。

如果我们总是依赖他人帮我们做决定，那就只会越来越不敢自己寻找解决问题的方法。而当我们遇到那些无法预知后果的事情时，就只能选择逃避了。

同样，如果大人总是替孩子做决定，孩子就无法锻炼自己的意志，最终只能像影子一样躲藏在他人的身后，成为这个复杂社会的牺牲品。

由此我们可以发现，**如果想培养孩子的意志，就一定要让他自己自由地做决定。**

为了让孩子形成坚实的个性，要让他坚持不懈地工作，保持清晰的思维，并且在意识中形成对造成冲突的动机进行筛选的习惯，即使面对生活中再细微的事情也能自己做决定，然后在不断重复的行为中增强自我指导的能力。

在这个过程中，道德就像中世纪城堡里的公主一样居住在我们的体内。为了给道德建造一间适合其居住的"房屋"，我们必须适当地控制自己的身体，例如不酗酒、多锻炼，好让体力得到恢复。

另外，更重要的一点就是要不断地训练意志，以便让心理上的疲劳得到恢复。

面对那些复杂的、需要做出比较和判断的内心活动时，孩子会通过自我教育来付诸行动。在这个时候，孩子一方面能够获得条理清晰的智力，另一方面也能锻炼自己的意志。

这也是一门学问，它能帮助孩子做出自己的决定而不是依赖他人。一旦掌握了这门学问，孩子面对生活中遇到的任何事情时，都会变得有把握。例如，他会自己决定是否要拿到那些他想要的东西，也会自由地跟随音乐翩翩起舞来放松身心，当他想安静下来的时候，也就不会去运动。

这种坚持不懈地培养个性的活动，都是按照孩子自己的决定来进行的。由此，孩子初期紊乱的精神就会变得井然有序，整个生命会进入一种自发的状态，多疑、胆小等不好的心理状态也随着心理紊乱的消失而变得无影无踪。

如果孩子的思维一片混乱，就会阻碍孩子的成长，妨碍孩子做出决定。如此一来，他的意志也就不能得到发展了。

采用"灌输"教育方式的人认为，"孩子不应该有自己的意志"。说这句话的人态度是诚实的。因为他们在教育孩子时，从来没考虑过孩子内心的真正需求。可是这样就会带来严重的后果——阻碍孩子意志的发展。

这种教育方法其实就是让成年人控制孩子，孩子会因此变得胆小。当孩子没有得到其依赖的成年人的帮助时，就会没有勇气去承担责任。

有一次，一位女士问一个孩子："樱桃是什么颜色的？"这位女士很清楚，孩子知道樱桃是红色的，但孩子却表现得既紧张又惶恐，他不知道应该如何回答才好。最后，他说："我要去问我的老师。"

人最重要的机能就是意志，它是为了做决定而准备的，它是支撑我们人格的核心力量。因此，我们必须建立起意志并不断对它进行强化。

有一种心理疾病，叫作"强迫症"，明显的症状就是无法自己做决定。有这种症状的人会感觉非常痛苦。

在一家治疗精神疾病的医院中，我曾遇到过一个典型的"强迫症"病人。

这个病人很喜欢收集垃圾，他总是担心会有有用的东西混入垃圾之中。当他打算带着收集好的垃圾离开时，他还要再次爬上楼，挨家挨户地敲门，问他们的垃圾桶中是否有值钱的东西，直到人们全都说"没有"了，他才会离开。

但是事情还没有结束，过了一会儿，这个人又会再一次返回来，再一次挨家挨户地询问一遍。就这样一直重复多次。

这种行为让他非常痛苦，只好向医生求助，看看有没有办法可以解决。

医生反复告诉他："垃圾桶中没有什么值钱的东西。你完全可以放心去继续做别的事情。"

听了医生的话之后，这个人的眼中露出了希望的光芒，他不停地念叨着"我可以放心了"，然后走出了诊室。然而，让人啼笑皆非的是，过了一会儿，这个病人又回来了，他仍然带着疑惑，询问医生："我真的可以放心了吗？"

医生再次告诉他："你确实可以放心了。"

这一次，他的妻子把他带走了。夫妻俩离开之后，我们从窗户望向外面，看到他还在街上跟妻子拉拉扯扯。不一会儿，他又焦躁不安地回来了。

他第三次不放心地问道："我真的可以放心了吗？"

实际上，正常人身上有时也会有这种强迫症的现象。例如某人外出时，明明已经将门锁好，但有时还是会对此怀疑，然后反复摇动门把手以确认门是否锁好。过了一会儿之后，他还有可能会回来进行再一次的验证。即使知道门已经锁了，并反复摇动门把手确认过，但内心就是有一种冲动迫使自己再回家检查一次。

有些孩子身上也会出现这样的情形，例如，在上床睡觉之前，孩子会反复查看床底下是否有小猫、小狗等动物。床底下自然是没有的，孩子心里其实也明白。但即便如此，孩子过了一会儿还是会爬起来再看一次。

这种强迫心理就如同淋巴结里的结核杆菌一样，会四处蔓延，让整个机体都变得非常虚弱。短时间之内，我们可能无法发现它的危害，就像苍白的脸色会被胭脂所掩盖那样。但时间久了，它会侵入机体的各个部分，让人病入膏肓。

当身体在有效地完成任务时，为了让意志能够体现它的价值，我们应该对意志进行一些训练，这样可以培养我们行为的精确性。

大家都非常清楚，如果没有经过大量基本动作的训练，就不可能跳出优美的舞蹈；如果没有经过大量的钢琴弹奏训练，就无法弹奏出动人的音乐。我们必须从婴儿期就开始进行基本动作的训练和培养。

在单纯的生理活动中，人的肌肉不是以相同的方式进行运动的，而是采用了两种截然不同的方式。例如，在胳膊活动时，有的肌肉用来伸展，有的肌肉则用来收缩；在站立或蹲下时，有的肌肉用来蹲下，有的肌肉则用来站立。

由此可见，我们身体的行动通常具有对抗性，身体展现出的所有动作都是具有对抗性的肌肉相互协作来完成的。在这个过程中，不同的肌肉通过共同协作最终达到了运动的目的。

正是通过肌肉之间的相互合作，我们才能完成最了不起、最复杂的动作，而那些刚劲有力、优雅大方的动作，让我们拥有了高雅的身体姿态，也因此创造出了与音乐旋律相匹配的优美动作。我们训练动作的协调性，目的就是为了让具有对抗性的肌肉能配合得更好。

有一点必须注意：只有当孩子具备了自然、协调的动作以后，我们才能对其进行那些复杂的动作训练，而在这之后，才能开始训练体操和舞蹈等方面的特殊动作。

在动作训练的过程中，意志也会发挥作用。无论我们是希望致力于运动、舞蹈，还是参加体能比赛，意志都不能缺席。简单地说，意志就像一名指挥员，指挥着由肌肉和骨骼组成的一支有组织、有纪律、有技术的部队，进行统一协调的运动。

为了培养孩子的能动性，我们不会让他们保持静止，也不会绑住他们的四肢，因为这样会使他们的肌肉萎缩甚至是瘫痪。

然而，在这一点上，成年人有时候会做出一些荒诞的事情。

表面上看来，我们是为了培养孩子的意志，但实际上由于我们总是将自己的意志强加在孩子的身上，最终阻碍了孩子意志的发展。

我们会根据自己的意愿让孩子静止不动或不停走动，还会代替孩子做决定。如此一来，我们就感到满足了，还会训诫孩子：

"意志就是行动。"

除此之外，我们还会通过讲故事来给孩子灌输英雄人物或者成功人士的意志是如何坚强的，好让孩子模仿这些人的行为，并且还认为，只要这样，孩子的意志就会变得坚强，就能创造奇迹。

在我上小学的时候，有一位老师很"好"，很爱我们，她要求我们都安静地坐在自己的位置上听课，她讲课非常认真，即使是已经精疲力竭，依然不会停止讲课。

她为了激励我们，引导我们去模仿那些杰出的女性或女英雄。为了更好地向她们学习，她还要求我们阅读大量的名人传记，并牢记她们的生平。

然而，对这些名人了解得越多，我们就越觉得，女英雄都太优秀了，成为她们是一件多么困难的事情啊。但是在那个时候，很多人都认同那位老师的做法，认为她是为了鼓励孩子，希望孩子们能变得更优秀。

曾经有人问我，是否也会像那位老师一样教学。我回答说："不！我绝对不会这样做，我更关心孩子的未来，孩子的未来比什么都重要……"

在一次教育学与心理学的国际会议上，来自世界各地的教育学家和心理学家都曾发出这样的感叹：当代的年轻人缺乏个性，这已经对人类的未来构成了极大的威胁。

但是我认为，问题的根本并不是人类缺乏个性，而是学校的教育摧残了孩子的身体、削弱了孩子的意志。孩子应该得到解放，只有这样，人类的潜能才能得到发展。

还有一个更高层次的问题，那就是我们应该如何利用意志。

有这样一个故事经常被用来教育孩子，以激励他们获得坚强的意志。

维托里奥·阿尔费里到了晚年仍然坚持自学，他依靠毅力克服了学习的单调乏味。

尽管阿尔费里当时已经是一个名人了，但他依然坚持努力学习拉丁语，成为世界著名的文学家。凭着对文学的热忱和天赋，他成了一名伟大的诗人。

关于如何实现自己的重大突破，阿尔费里有一句名言："坚持，不懈地坚持，全力以赴地坚持。"这句名言也经常被意大利的教师拿来教育孩子。

在阿尔费里做出令自己发生改变的决定之前，他只不过是社交届中贵妇人的一个玩物，并且以感情任性而出名。后来，阿尔费里意识到，如果自己继续做别人感情的奴隶，只会毁掉自己，这个认知激发了他努力提高自己的冲动。

阿尔费里坚信自己可以成为一个伟大的人物，他意识到了自己的无限潜能。然而正当他要发挥自己内心的力量，准备为自己的将来而努力时，一个女人的来信又将他拉回到了现实中。

这个女人派人给阿尔费里送来了香气四溢的请柬，邀请他去看戏。在戏院中，阿尔费里又和这个女人厮混在了一起，白白浪费了大好的时光。可以说，阿尔费里刚下定决心，他抵制诱惑的意志力就败给了这个女人对他的吸引力。

但是阿尔费里在戏院看戏时却感到很愤怒，也很痛苦，甚至对这位迷人的女士产生了憎恨的感觉。因此，阿尔费里毅然决然地剪掉了自己象征高贵出身的粗发辫，没有了发辫，他就羞于出门了。

之后，阿尔费里为了能够认真读书，又将自己绑在椅子上。然而，他坐在那儿心神不宁，几乎一个字也看不下去，他很想去见他的心上人。但是因为不能动弹，又没有了粗发辫，他就只好继续待在屋子里。

阿尔费里靠着不断的坚持，让自己获得了精神上的自由。他把自己从虚度光阴、沉迷欲望的深渊中解救了出来，成为一个流传千古的名人。

我们迫切希望能通过意志教育，让孩子培养出这样的品质。我们希望孩子能够摆脱人类堕落的虚荣心，专心地工作和生活，保持内心的充实，为了成就伟大的事业并且成为一个伟大的人而努力奋斗。但是我们必须明白，这种热情和希望很容易让孩子生活在我们的庇护之下，这实际上对孩子的成长是很不利的。

孩子难道没有拯救自己、培育自己的能力吗？其实是有的。

孩子会全心全意地爱我们，也会用他们小小心灵所能容纳的热情来感染我们。不仅如此，他们还具有自我发展的潜能，并且可以利用这种潜能控制自己的内心生活。

这种潜能会引导孩子去触摸周围的各种物品，让他们可以了解这些物品。然而大人们却总是对孩子说："别碰这些东西！"

孩子喜欢跑来跑去，这能让他们行走得更稳当，但大人们却制止了他们："别乱跑！"

孩子为了能够获得知识，会不停地向我们提出各种问题，但大人们却会不耐烦地回答孩子："别这么烦人！"

假如我们只是让孩子待在身边，看管着他们，要求他们听话，给他们几件他根本不感兴趣的玩具，孩子会因为无聊而感到困惑和痛苦，就像阿尔费里在戏院里所想的那样："为什么我深爱的人想毁了我？为什么她要让我感到痛苦？"

如果孩子想将自己从困惑和痛苦中解救出来，就必须像阿尔费里那样坚强。然而，孩子并没有那么强大的心灵。因此我们会发现，孩子已经变成了牺牲品，然而我们没有意识到是自己毁了孩子。

我们凭借着强权，命令孩子这样做或那样做。一方面，我们热切地盼望着孩子能够尽快长大；另一方面，却又因为教育方式不当而阻碍了他们的成长。

成年人很少反思，他们为了让孩子更坚强，为了让孩子拥有更高的精神境界，都做了些什么。他们也很难意识到，那个让孩子的意志饱受摧残的人就是自己，因为他们总是要求孩子完全顺从自己的意志。

在这里，我要敬告所有的父母和教育工作者，我们的任务是保护和引导孩子发展自己的能力，而不是阻碍他们的发展。

正确的
智力训练

智力发育是揭示成长秘密的关键，是创造孩子心灵世界的重要方法。

在教育孩子时，让他获得自由的关键是保持他机体的运动状态。只有让孩子在周围自由走动，他才能自由地发展自己的人格，智力才能因此而发育，他的自身也才能不断得到完善。

孩子只有进行带有某种智力目的的工作时，才更容易做到坚持不懈。反之，孩子的内在就无法得到良好的发展，更不可能获得明显的进步。

成年人如果可以克制住自己支配孩子行动的想法，避免孩子受到我们的影响，并让孩子生活在适合其成长发育的环境中，孩子就会对其智力发展信心十足。孩子会主动地进行具体的活动，例如洗手、洗脸、穿衣、做清洁、铺地毯、栽花种草、喂养动物等。

在各种感官材料的吸引下，孩子会自主选择他们喜欢的工作。当这些工作完成之后，孩子自身也得到了发展。通过感官材料，孩子能学会区分不同的事物，并对这些事物进行选择和推理，从而不断地完善自我。

一般来说，孩子选定了他要进行的工作以后，就会持之以恒地做下去。孩子的内在也会因此不断成长，并且转化成推动他继续前行的巨大力量。

在这样的环境中，孩子会利用不同的材料实现从简单工作到复杂工作的过渡，他们的身心也在这个过程中不断完善。他们会遵循大脑里形成的内在秩序和得到的技能，逐渐培养出自己的性格。

所谓让孩子自我发展，并不是让孩子被本能控制，而是让他们的智力得到发展。本能是人和动物身上原本就有的东西。我们习惯于像对待宠物猫狗一样对待孩子，就是因为我们普遍认为自由是把孩子交给本能。这种错误观念误导了我们，让我们觉得给孩子自由之后，孩子就会像一条汪汪乱叫、蹦蹦跳跳的小狗一样。

正因为这样，大人们把孩子的反抗、挣扎以及为了让自己摆脱屈辱境地而采取的保护措施，当成孩子的本能表现，而且认为他们这样的"野蛮"行为如同野兽一般。

可是，我们从来没有思考过自己对孩子做了些什么！

我们最初将孩子当作植物，希望他能够像植物一样安静，并且强迫他成为我们的"奴隶"，任凭我们处置和操纵。孩子如果被这样对待，身上的"人性"只会逐渐退化甚至消失，怎么可能成为我们心目中"如天使般芬芳的植物"呢？

如果我们让孩子成为智力活动的主体，可以自由活动，就会得到完全相反的结果。想要让孩子拥有高度的自觉性，可以自主进行智力活动，我们就要重新定义"自由"这个词语。

从始至终我都认为，要想解决人的自由这一问题，智力是关键。但遗憾的是，最近几年人们都有这样一种偏见：自由就是要"解放思想自由"，我们的社会也因此变得混乱了。

这个观点与人们对"让孩子自由"的误解有相似之处。有些人认为，人类如果要寻求"解放"，就必须退回最原始的自由思想的状态。但是在现代社会，如同原始人一般的"自由思想"可以实现吗？这种"自由"难道不是大脑神经的退化？这不就是将社会权利交给文盲了吗？

通过下面这个例子，我们可以对此了解得更清楚一些。

有一个从未受过教育的农民，他不懂得投资。如果我们让他在有利可图的投资和无法获利的投资之间"自由"地选择，他会选择哪一种呢？

如果他选择了后者，就意味着他"自由"地上当受骗了；如果他选择了前者，那只是因为他运气好，而不是因为他行使了自由选择权。

只有这个农民通过接受教育获得了大量的知识，能够区分两种投资的不同时，他才能拥有真正的自由选择权。

人只有拥有了智能，才能获得真正的自由。如果单凭外部约束力来做决定和选择，将无法得到真正的自由。

如果自由只是简简单单地"释放本能"，那我们只要能让盲人重获光明，让失聪的人重新听见声音，所有社会问题不就都迎刃而解了吗？然而事实并非如此。

"自我学习"是人的一项最基本的权利，人们总有一天会意识到这一点。只有实现了"自我学习"，我们才不会被压迫和奴役，才能在所处环境中自由地选择自我发展的道路和方式。只有接受了良好的教育，才能找到恰当的解决社会问题的方法。

我们在孩子自身成长发育的过程中得到了很多启发。孩子的成长让我们了解到：**智力发育是揭示成长秘密的关键，是创造孩子心灵世界的重要方法。**

了解到这一点之后，我们就会更加重视智力卫生学。如果我们将智力作为培养孩子的重要内容以及孩子生活的支柱，那么我们就不会武断而草率地压制孩子的智力发育，也不会让它白白地消散。

现在，我们往往会过分关注孩子的身体发展，但是我相信，未来人们一定会更了解和关注孩子的智力发展，也会更加谨慎认真地对待它。当然，这不是一蹴而就的，而是要经过漫长的探索。

我们并没有将智力的定义上升到哲学高度来进行讨论的想法，而是想思考一下促使心智形成的映像、联想以及再创造活动，并且找出心智和环境之间的联系。

心理学家贝恩认为，智力活动始于对"差异"的感知，智力发展的第一步就是不断对"差异"进行更仔细地辨别。

对外部世界的感知和发觉就是感觉，在感觉的基础上，再对外部世界的材料进行收集和辨别，在这一过程中，智力就形成了。

在此，我们需要对智力进行更加精确和清楚分析说明。

首先，智力发展与时间有关。一般人们都认为，一个人反应快就意味着他很聪明，能迅速对某种刺激做出反应、联想和判断，是智力较为显著的外在表现。

到底是什么让人做出这样"迅速"的反应的呢？很明显，出现这样的反应是许多能力综合在一起的效果，包括从外界接收信息、创造意象内容、表达内心思考的结果等。

这种快速反应可以通过"智力体操"来进行训练。"智力体操"与心理体操相似，对智力的发展有促进作用。

具体的训练方法如下：收集大量感觉材料锻炼感觉能力，然后让这些材料在大脑中彼此建立联系，并且对它们做出相应的判断。经过一段时间之后，人就能自由且迅速地将这些东西展现出来了。

如果要通过肌肉运动来促进智力发展，那么肌肉所表现出来的动作就要更加完善和迅捷。当我们用聪明来形容一个孩子时，不仅是说他能充分理解事物，更重要的是他能迅速地对事物做出反应。

如果一个人需要花费比他人更多的时间才能学会某种东西，我们就认为他反应比较迟钝。

面对一个反应敏捷的孩子，有人会说"什么都逃不过他的眼睛"，这样的孩子一般注意力非常集中，时刻准备着应对各种刺激。哪怕面对非常细微的差异，他们也能做出反应，就如同高灵敏度的天平可以测量出轻微的重量变化一样。

这样的孩子也可以迅速地产生联想，我们通常会用"他一眨眼就明白了"来形容他们的这种联想能力。

通过感官练习，能够激发并增强孩子的活动。我们可以让孩子感知冷暖、轻重、粗糙与光滑、音乐与噪声之间的差异；也可以让孩子在非常安静的环境中，闭上双眼用心感受细微的声音……孩子的心灵可以通过这些练习被外部世界唤醒。当各种感觉与环境相融合时，就会相互产生作用，并且还会增强那些已经被唤醒的部分。

例如，当一个孩子在认真地给图案上色时，如果他听到了美妙的音乐，就可能会给图案涂上最亮丽的色彩；如果他身处环境优美的校园，四周满是美不胜收的鲜花，可能就忍不住展开歌喉，高歌一曲。

孩子开始进行自我教育时会有以下表现：他的反应会变得更迅速、更有准备，那些往常他注意不到、不感兴趣的刺激物，这时可能会被他强烈地感知到。同时，孩子能更轻易地发现不同事物之间的联系，即使使用这些事物时出现了差错，他们也能及时察觉，并迅速做出判断、进行更正。

孩子会在这种"智力体操"中获得基本的智力训练，他们的中枢神经系统也会因此被唤醒并且保持活动状态。

当我们看到这些反应敏捷、充满活力的孩子，看到他们面对轻微刺激时的敏感表现，以及面对所有事物时的高度专注力时，就会自然而然地想到那些普通学校的孩子，将他们进行对比。普通学校的孩子一般反应比较迟钝，行动缓慢，对刺激物没有表现出明显的兴趣，也缺乏联想力。

在我们做这种对比时，也会不自觉地联想到今天的文明与过去的文明。

如今我们的生活比过去舒适多了：过去人们出行坐马车，现在我们可以乘坐更加快捷的汽车或飞机；过去人们主要靠信件传递信息，现在则可以通过电话进行交流；过去战争是士兵一对一地厮杀，现代战争中出现了现代化武器，随时可能危及千万人的生命。

我们进而发现，人类文明的进步与发展并非建立在"珍惜生命"的基础上，而是建立在"珍惜时间"的基础上。

机器转动得更快了，经济也发展得更迅速了，对于文明的这些进步，我们确实有切身的感受。可令人遗憾的是，人类自身的发展速度却没有跟上文明的发展速度，个人的自我发展还不能达到井然有序的状态。

在这个变化多端的社会环境中，成年人可以自如地应对自己面临的各种问题，孩子们却还没有能力这样做，他们也无法利用人类文明的进步来服务自身。

虽然我们的社会更加文明了，但我们的灵魂却一直在受到欺骗和压制。如果人类不努力进行自我改造，让自己融入这个新世界，总有一天，人类会被这个新世界所压垮甚至摧毁。

敏捷的思维和聪明的智力是孩子对这个世界的反应，它和相关训练以及建立相应的内在秩序都有关联。

能对原本驾轻就熟的工作进行组织有序、条理清晰、层次分明的再安排，这个过程也是智力的显现。

总体来说，人是否能做出快速的反应，关键在于其内在秩序，要让一个思维混乱的人对某一现象产生正确的认知，比让他写一篇推理性论文还要难。

无论社会还是个人，实现其迅速发展的重要因素，就是组织和秩序。

如前所述，能够区分不同事物之间的细微差别是智力的重要特征之一。

在生活中，学会区分就是为创造打好基础，而创造必须有序进行。《圣经·创世纪》中也表达了相同的观点。上帝不会在毫无准备的情况下开始创造，在混乱中建立秩序就是上帝创造一切的基础，他"分开了光明与黑暗，然后汇聚江水，陆地便因此出现了"。

意识所包含的内容纷繁复杂，假如一个人的思维一直混乱不堪，那他的智力活动就很容易陷入停顿的状态。

智力的出现如同点亮了一盏明灯——"让世界充满光明吧"。它会让人明辨是非，看清事物的本质。

可以说，想要促进一个人的智力发展，就要帮助他将意识中的各种意象进行分类。

我们不妨想象一下，一个3岁的孩子在面对这个世界时，他的状态是怎样的呢？当他猛然发现周围充满了各种各样的东西时，只会感到头晕眼花、手足无措，甚至是精疲力竭。

然而，孩子身边的大人没有意识到，孩子在这种混乱的状态下还要完成类似走路这样的工作。这些人也不会意识到，在孩子的各种器官协调发展之前，我们必须帮助他纠正感官上的误解。

如果孩子面对的刺激物太多，会产生压迫感，而他又没有能力应对，就只能哭闹或者睡觉了。

孩子3岁的时候，思维还非常混乱，就像一个拥有大量书籍却乱七八糟地堆放起来的人一样，会感到特别困惑："这么多杂乱无章的书，我该怎么办呢？"等到他将这些书分门别类地摆放整齐之后，就会自豪地说："现在，我拥有了一座图书馆。"

经历了感觉训练之后，孩子就能学会区分不同的事物和刺激，并对它们进行分类。

我们提到过，感官材料体现了事物的不同属性，例如大小、形状、颜色、光滑度、重量、温度、味道、声音悦耳程度等。这些属性是由物质所代表或呈现出来的，其重要性在于物质的性质，而不是物质本身。

我们可以找到大量物体来描述长短、厚薄、大小、颜色、冷热、轻重、音色等特性，对于建立秩序来说，这种属性分类的工作非常重要。

事物的特性既有质的差别，也有量的不同，例如，物体有高矮厚薄之分，音量有高低之异，颜色有深浅差别，形状可能有某些程度上的差异，表面也有粗糙与光滑的区别。

提供给孩子进行感觉训练的材料，必须达到能够区分事物的目的，首先要能让孩子通过对材料的分析和对比，分辨出两个刺激物的不同特征。然后，当这些事物的外部特征吸引了孩子的注意力之后，他就能感知到这些特征的差异了。最后，孩子会分辨出这一系列相关物质的不同特征，并按照如颜色的深浅等差异程度对它们进行排序。

除了根据事物的特征对不同的事物加以分辨之外，我们暂时还没有其他可行的办法。因此，对不同事物分门别类时，一定会涉及事物最基本的排列顺序。

有了排序方法之后，孩子的心灵世界就不会再混乱不堪了，他的头脑就会像排列有序的图书馆一样，每本书都被摆放在书架上确定的位置上。

孩子学习知识的时候也不是简单地将其塞入头脑中，而是会在头脑中对其分类，然后按照基本的排列顺序，当有新的材料加入时，头脑只会变得更丰富，而绝对不会变得混乱。

孩子获得了分辨事物的能力，就为智力的发展奠定了基础，从此他就开始"认识"周围的事物了。

当孩子欣喜地发现天是蓝色的、手是光滑的、窗户是长方形的时候，实际上，他并没有发现天空，没有发现手，也没有发现窗户，他只是确定了这些事物在自己大脑中的顺序和位置。

这些发现让孩子的内在个性变得平稳，这种平稳就像协调身体的肌肉使身体保持平衡一样，能够让孩子镇定下来并充满力量，也会推动他进行新的尝试。

假如在一间博物馆里，所有事物都排列得井井有条的，那么前来博物馆查找事物的人就会节省大量的时间和精力。由此可见，**秩序能够帮助人们节约时间和精力，也能让孩子在更短的时间内对刺激做出反应，从而孜孜不倦地完成更多的工作。**

以头脑中建立的牢固秩序为基础，对外部环境中的事物进行辨别、分类和编排，既能发展智力，也能陶冶精神。

如果一个人能根据文章的风格分辨出作者，或者依据文学特征确定这一作品的创作时期，那么，我们就认为他"精通文学"。

如果一个人能根据画作的颜料判断出画家的身份，或者依据浮雕的雕刻纹理来确定雕刻家所生活的年代，那么，我们就认为他"精通艺术"。

科学家也是如此。科学家可以通过细致的观察，详细、精准地评定事物的价值特征，如此一来，事物之间的差别就一清二楚了，事物也得到了准确的归类。

这些人之所以能成为文学家、艺术家或者科学家，并非由于其丰富的知识积累，而是因为他们能在头脑中将这些知识进行系统的归类，进而建立了有序的知识体系。

没有受过教育的人，只能从事物中获取直接经验，而这种经验通常是混乱无序且局限于接触过的事物之中的。

而科学家不仅知识丰富，还有能力将事物的特性准确地分门别类，也能迅速地确认事物的类别以及它们之间的关系，因此他们能发现比事物本身更深刻的事实。

和艺术家、科学家一样，孩子会按照事物的特征对其进行辨别和分类，他们对所有事物都很敏感。在孩子的眼中，一切事物都是有价值的。

而那些无知的人，即使看到了某件艺术品，或者听到了某首古典音乐，也不懂得欣赏。没有受过科学教育的孩子也一样，他们对这些也都漠不关心。

当前一般的教育法和蒙台梭利教育法是完全相反的。传统教育法排斥自发性活动，强行将各种事物的特征直接灌输给孩子，让孩子记住这些特征，并且希望孩子不需要指导就能将这些知识进行分类排序，进而抽象出事物的特征。这样做的后果，就是人为地让孩子处于混乱的状态。

"直观教学法"是目前普遍使用的一种教学方法，通过向孩子展示某物并进行描述，让孩子记住该事物的特征。但是这并不是什么新式教学法，只不过是将我们常见的"感官"记忆法做了一点儿改变而已。二者的区别在于，感官记忆法描述的是想象中的东西，而直观教学法描述的是眼前的东西，感官也能参与进来。

　　采用这种教学法的目的，是为了让孩子更好地记住某个物体与其他物体特征上的不同，但是，被动记忆的大脑却只能接收眼前事物的特征及其杂乱无章的表象而已。

　　事实上，每件事物的特征都相当多，如果一堂实物课的学习目的在于认识这个事物的某些特征，那么大脑就必须对此进行综合性的思考。

　　比如，我曾经在一所学校里，看到一个老师正在给孩子们教授有关咖啡的直观课程。这个老师向孩子们描述了咖啡的特征，例如咖啡豆的大小、颜色、形状、香味等。

　　这个老师也许还会继续给孩子描述咖啡树，以及前人是如何漂洋过海将咖啡豆运往欧洲的。接着他还可能描述点燃酒精烧开水、磨碎咖啡豆、制作咖啡的整个过程。孩子们可能听得糊里糊涂的，对咖啡本身却没有得到更加深入的了解。

　　老师也许还会继续给孩子们讲述咖啡的作用，例如使神经兴奋等，以及如何从咖啡豆中提取咖啡因等。这些内容犹如从瓶子里溢出来的油，漫无目的地蔓延，对孩子的智力发展起不到任何作用。

　　这节课结束之后，如果我们向孩子们提问："咖啡是什么？"他们可能无法给出清晰的回答，只能说："答案很复杂，也很烦琐，我也不知道该从哪里说起。"

　　如果孩子的大脑被这些杂乱无章的概念填满了，他就会觉得疲惫，不能积极地进行有帮助的联想。这节课结束后，孩子唯一有可能记住的就是咖啡的那些历史了。

即使孩子们产生联想，也只能想到那些与咖啡相近的、次要的事物或知识，例如运送咖啡时经过的海洋或者家里摆放咖啡的桌子等。

换句话说，如果孩子的思想不可以摆脱被动的联想，他的头脑就会变得懒散，进而陷入胡思乱想的状态。

这样一来，孩子就时常会沉迷于毫无意义的幻想之中，没有足够的内在思维的活动迹象，他的个性特征也就会渐渐消散。经过直观教育法教育之后，孩子的头脑只会被动地接受各种新概念，或者变成一个只能装东西的容器。

如果让孩子安静地观察某一事物的表象之后揭发事物的本质，却不让他参与任何相关的活动，那他就无法将这一事物和其他事物关联起来进行思考。

如果我们要依照相似性对不同的事物进行联想，就应该先提取出这些事物的共同特征。

例如，如果我们认为有两块长方形的匾很相似，这就意味着，我们已经从匾的大量特征中提取出了二者之间的共同特征：都是木制的，都经过推刨，都打磨光滑了，形状也很接近等。

我们也许会因此联想到一连串的事物，例如桌面、窗户等。但是在得出这样的结论前，大脑还需要将长方形这个特征从大量的特征中提取出来。

人的大脑非常灵活，它不仅能分析事物，也能从中提取出事物的某些共同特性，并根据这些特性对事物进行综合分析。

如果大脑不能将各种关联事物的固有特征从众多特征中提取出来，就无法通过对比、综合等方式展开联想，也就不能进行更高级的智力活动。

联想是智力活动中的一种，智力活动的本质不同于照相机，照相机的储存方式是通过"拍摄"物体的形象，然后像相簿一样将其一页页地保存起来。这种方式会破坏智力的发展。

智力通过逻辑思维和辨别等活动，能够分辨并提取事物的重要特征。智力会在这个基础上进一步发展，并且创建自己的内在体系。

通过这些智力活动，孩子可以迅速辨认出事物的不同特征，例如，他们可以快速、准确地辨别出某些事物在形状以及颜色方面的相似之处，因为"形状"和"颜色"在其头脑中已经形成了非常清晰的类别。

按照这些"形状""颜色"等特征，孩子们也能够联想到其他事物，这种联想依据的是特征的相似性，具有很强的机械性。

孩子可能会因此得出一个结论：书是菱形的。假如孩子尚未在头脑中形成菱形这个概念，那他需要经过复杂的思维过程之后才能得出这个结论。

不同人之间的个性差异，正是在这种活动中表现出来的。

例如，当观察窗帘时，一个孩子注意到窗帘是绿色的，另一个孩子则注意到窗帘很轻柔；观察手部时，一个孩子发现手很白皙，另一个孩子则发现手很光滑；观察窗户时，一个孩子知道了窗户是长方形的，另一个孩子则明白了透过窗户可以看到蓝天。孩子对事物主要特征的关注与其内在的性格是相符的，这是一种"自然选择"。

科学家们同样会选择对自己最有帮助的联想。例如，一位人类学家区分人种的标准是大脑的形状，而另一位人类学家的标准则是肤色。但是无论他们以什么标准来区分，得到的结论都是差不多的。

也许所有人类学家对人类的特征都了解得非常全面，但最重要的是，我们要找出一个可以用于分类的特征，并在此基础上对大量的人进行分类。

注重实用性的人不会从科学的角度来看待人类，而是会从功利的角度来看待。例如，帽子商人只会关注人们头部的大小，演说家更关注人类对口语的感受等。

选择是智力形成的一项必不可少的基础活动，当我们实施某项计划时，是选择让我们的计划从模糊不清变成了切实可行、从理想变成了现实。

这个世界上的任何事物都有自己的特性和局限性，我们对于事物的心理感觉是以选择为基础而形成的。

我们的感官究竟起了什么作用呢？难道它除了对一些颤动做出反应之外，对其他事物都置之不理了吗？如果是这样的话，那我们的眼睛就应该只能看见光，耳朵也只能听见声音了，然而事实并非如此。

因此，必要的选择是思维形成的第一步。进行感官选择后，思维还必须进一步做出限制，然后在此基础上形成某种具体的选择。如此一来，人的注意力就不会散发到所有的事物上，而是被某个特定的事物所吸引。通过这一过程，意志就能从大量可能性中选择一个必要的行动。

高级智力的活动方式正是如此，它通过人的注意力和意志力的作用，提炼出事物的主要特征，再经过意象联想形成意识。在此过程中，智力会去掉大量造成事物间模糊不清的东西。每一个正常的大脑都会去粗取精，舍弃冗余的东西，留下独特的、清晰的、敏感的、重要的，特别是有利于创造的东西。智力之所以称之为智力，就是因为这种独特活动的存在。

如果一个人无法集中注意力，那么当他要确定行动的方向时就会犹豫不决。这样一来，他就无法对任何事物进行深入的研究，而只是浮于表面。

在生活中，如果我们不能限制自己接收到的信息，就无法获取对事物的准确认知。

这个世界存在一条神秘法则：每一种生物都有它的"形式"和"范围"。通过内在活动，这种限定变得更加明确和集中，也使得我们得以从最原始的混沌状态中挣脱出来，并且不停地蜕变下去。这就是我们对事物形成概念以及进行判断推理的基础。例如，当我们观察到圆柱体的许多特性之后，可以从中得出一个结论，即圆柱体可以当作支撑物。这个结论是基于圆柱体的众多特性进行选择而产生的，是从圆柱体的众多特性中抽取出来的一个特性。

只有拥有了这种选择能力，我们才能进行推理。正如培养意志力一样，每个个体通过不断地练习，逐渐平衡内在的冲动和抑制的力量，直到形成习惯为止。

智力也一样，个体经过联想和选择，对各种观点进行取舍，最终培养出独特的智力习惯，并在此过程中形成个人倾向，即所谓的"天性"。

毫无疑问，从本质上来说，理解和研究他人的推理，与自己进行推理是不同的。例如，某个艺术家对颜色有自己的喜好，对色彩的协调性和表现形式也有自己的看法，按照他对世界的看法来进行研究，和我们自己在观察外部世界的基础上进行的艺术创作，二者有着天壤之别。

如果一个人只是学习和模仿别人，那么，他的头脑只能储存类似阿基米德难题的答案、拉斐尔的艺术作品等知识，这就好像小贩的篮子里面杂乱无章地堆放着许多旧衣服。如果这些旧衣服不是胡乱地摆放在篮子里，而是被整整齐齐地摆放在一个宽敞明亮的房间里，它们就不会那么杂乱无章了。

井井有条地存储在大脑中的知识肯定比混乱不堪的知识具有更高的价值。这就好比所有知识被分门别类地摆放在一个大房间里，想要哪种知识，一眼就能找到它。

别人强迫我们接受他对于某个事物的看法，与我们自己主动理解这个事物是有天壤之别的。前者就像雕在松软的石蜡上的作品，只能给人留下稍纵即逝的印象；而后者就像雕刻在大理石上的作品，可以长久地保存下去。

那些面对事物选择主动理解的人，他们的意识会得到解放，同时也会感受到自己身上的闪光点。对于这些人来说，理解事物就是对事物获得认知的过程，在这个过程中，他们的生活也会焕然一新。

智力情感可以说是人的所有情感中最丰富的一种。如果一个人能积极主动地探索周围的世界，那他一定会得到最大的快乐。哪怕他等到的不是最大的快乐，但是由于他对周围世界的理解，那么他获得的精神上的享受也必定比别人多一些，同时也能够战胜诸多的痛苦与悲伤。假如一个人遭遇不幸时能够理性地分析现状，厘清导致这种状况的原因，他就能透过重重黑暗发现一线光明，找到自我解脱和救赎的方法。

智力让我们与这个世界建立了一种联系，让我们受伤的心变得平静。这种感悟是不可能从某个教授的枯燥的课堂中得到，也不可能从某位专家的理论中得到，因为教授和专家并不理解我们的苦难。我们只能通过智力活动来获得这种感悟。

当我们对自己说"理智一点""力量来自信仰"，言下之意就是让自己的智力处于持续活动的状态，拯救我们的灵魂。

试想一下，当我们沉浸在痛苦之中或者徘徊在死亡边缘时，假如智力活动真的能够拯救我们，这将给我们带来莫大的安慰。

当我们用"头脑开窍"来形容一个人时，是因为我们发现了他的创造力。另外，头脑开窍的人也能更积极地理解情感。

我认识这样一个女孩，在她年幼时，她的母亲就去世了。这个女孩很讨厌上课，认为老师讲的课内容既枯燥又乏味。由于这种厌学情绪，她无法跟上正常的课堂进度，甚至有了辍学的念头。出现这种状况，是因为母爱的缺失让她的大脑变得非常疲乏。

后来，女孩的父亲将她带到乡下，让她在那里自由自在地生活了一段时间。然后又将她带回镇上，还给她请了几名家庭教师。

尽管父亲做了这么多，还是无济于事，女孩在学习的时候依然很被动，并且很容易感到疲倦。

父亲因此非常焦虑，经常问女孩："你的大脑什么时候才能开窍呀？"对此，女孩总是无奈地回答："我也不清楚。"

最后，这位父亲将女孩托付给了我。收到女孩父亲的邀请时，我还在医学院就读。从那以后，我开始用自己的教学方法对女孩进行教学试验。

有一天，我正和女孩一起学习有机化学。突然，她看着我，两眼放光，大喊道："我懂了！我的大脑开窍了！"

女孩起身向父亲跑去，她拉着父亲的手兴奋地说："我的大脑开窍了。"

看到这一情景，我感到很惊奇，因为那个时候我并不知道女孩之前是什么样的情况。女孩和她父亲兴高采烈的样子让我感慨良多：很多人因为智力受到压制而失去了许多快乐。

孩子在智力上获得的进步会给他们带来很多欢乐，一旦孩子感受到了这种欢乐，他们就会舍弃蜜饯和玩具之类的东西，他们的虚荣心也会随之消失。孩子的这些变化会让人们觉得他们非常优秀。

跟我们常见的那种极度的傻乐相比，这种智力上的快乐是一种更高层次的快乐，它区别于动物的快乐，能让我们远离悲伤，走出孤寂的黑暗。

当我们通过这样的方式来提升孩子快乐的层次时，如果有人指责这种做法，那只会让孩子受到伤害，而不会影响到这种方法本身。

这些人之所以对此加以指责，是因为他们把孩子当成了一种动物，在他们眼里，孩子的快乐来自美食、玩乐或其他一些事情，然而，通过这些途径获得的"快乐"都不能长久地持续下去。

只有当一个孩子感受到自己作为"人"的快乐时，才能从长久的阴暗生活中走出来，感受到生活给他带来的愉悦。

孩子身上出现愉快情绪的转折点，正是其智力的天才表现。如果孩子感受到了这种愉快，也就证明他发现了"真理"。这种智力的天才表现就是"人生充满活力"的体现。

当我们仔细观察孩子的表现时会发现，孩子积极塑造自己个性的过程，和天才们获得成功的过程是一致的。当他们全身心地投入智力活动中时，都是心无旁骛，不易受到外界干扰的。

如果孩子一直保持着心无旁骛的状态，就能和那些努力的天才们一样，最终得到一个好的结果。这样一来，孩子的智力就会获得迅速的发展，思维也能得到快速的提高，同时也会促使孩子进行各种外在活动。

因此，我们认为天才就是那些扫除了禁锢自身发展障碍的人，是获得智力上的自由的人，也是能够坚持自己个性的人。

要想获得这种专心致志的习惯和精神，就必须学会"沉思"。

我们都有过这样的经历：连续阅读大量的书籍；反复背诵一首诗，直到将它牢牢地记在脑中。这些都不是"沉思"，反而可能削弱我们的思维能力。

能背诵但丁的诗歌，跟能沉思诗歌的意境和含义，是有天壤之别的。背诵只是在大脑中留下一些印象，而沉思却能改造人，并给人以启迪。也就是说，沉思可以让人拥有更强大的力量、更健康的身心和更活跃的思维。

我们认为，让孩子学会"沉思"，才能培养他的天性。让孩子保持专注的最好方法就是"沉思"，通过"沉思"，孩子的内心也会逐渐成熟。

一旦孩子确定了自己的目标，就会产生一种强烈的内在需求，他会努力朝着这个目标训练发展下去，直至养成习惯。

　　在这种不断追求目标的过程中，孩子会不断成长，智力也会得到协调发展。因此，只要孩子学会了沉思，就能踏上一条通往进步的康庄大道。

　　孩子经历了沉思的锻炼后，就会愿意静心学习，他也会努力在活动中不发出声音，举止也会变得文明优雅。

　　这些练习也加强了孩子的个性特征，会让他更加习惯于用正确的方法来认识外界事物，也让他能自觉地进行推理和判断，并且积极修正意识中的错误。

　　这就表明，孩子会自觉地开展活动，主动选择自己喜欢的工作，并从中获得专注力。孩子会按照自己的内在需求去行动，不会被外界干扰，包括老师和其他同伴的影响。

培养丰富的
想象力

为了培养孩子的想象力，
首先我们必须让孩子成为他
们生活环境的主人，用从现
实中获得的知识经验来充实
孩子的头脑，然后让他们在
此基础上自由地成长。

现实是想象的基础，也是进行科学的创造性想象的重要起点。

两个世纪之前，如果我们对那些还在使用油灯、依靠马车出行的人说：有那么一天，夜晚也会亮起万家灯火；人遇到海难时，可以向陆地上的人们发出求救信号；人甚至可以像雄鹰那样，在天空中飞翔……那个时代的人一定会嘲笑我们，认为我们是异想天开、痴人说梦。

当时有限的生存条件影响了人们的认知能力，因此那个时代的人想象不到这种事情的发生。

现代人与古代人之间的差别就是，现代人会在实证科学的基础上展开想象，而古代人却只能凭借自己的幻想预知未来。人类在认知上的进步，让整个世界的面貌都发生了翻天覆地的变化。

当想象与现实结合之后，我们的思想就会开始工作并让外部世界发生改变。在这个过程中，人自身具有的一种强大力量——创造力，就会推动着我们去改变和创造世界。

通过实证科学的引导，现代人发现了思维的快速通道，并且创造了数之不尽的奇迹。

人类智慧不断地催生出新的梦想。我们期望世界充满光明，很快世界就奇迹般地绽放了光芒；我们期望可以在天上翱翔，飞机的出现就实现了这个愿望；我们期望岸上的人可以听到海难中水手的呼救声，当然这个愿望也已经实现了。

同样，我们希望世间的万事万物都生生不息、蓬勃发展，希望所有人都过上丰衣足食的生活，一个无比富庶的社会就真的建立起来了。

事实上，从人类诞生之日开始，想象就已经存在了，它与现实相互结合并创造了许多的奇迹。

但是，我们的大脑偶尔会脱离实际，单凭主观思维就开始毫无根据地幻想，忘记了创造力来源于现实这一事实。正是因为如此，有些人在进行活动的时候，会将更简单、更容易理解的手段和目的相混淆，导致最后一事无成。

类似的事情在我们的生活中很常见。例如，我们为了满足食欲而暴饮暴食时，却会声称是为了给身体增加营养，事实上，这样做并不能让身体变得健康，反而会对身体造成伤害。

此外，如果人们进行性生活的目的只是为了满足性欲，却不是将其作为延续生命的一种手段，那就容易出现性功能衰退的现象，甚至可能导致不育。

如果人类进行创造性的活动只是为了满足一己私利，而没有考虑是否会对整个社会产生有利影响，那就可能会犯罪。

如果只是出于私利，我们创造出来的世界也只会拥有虚假的美好与繁荣，不可能变成珍品。同样，这样的创造性活动也会破坏人类原有的创造力。

幸运的是，实证科学让我们理清了自己的思维。特别是在今天这个社会，科学家们都对真理进行了深入的探索，因此窥见了许多大自然的奥秘，也给这个社会带来了诸多奇思妙想和累累硕果。

事实上，这里面的奥秘非常简单，它其实给我们提供了一种谨慎且耐心地进行观察的准确方法。

所有人都可以探索大自然神奇的奥秘，因为如此神奇的奥秘与我们的精神需要是一致的。

在实证科学的帮助下，我们可以搜集事实、认识真理，创造出自己的想象世界。所有人都应该接受科学的洗礼，孩子也一样。我们应该让所有孩子都亲手做实验并进行观察，以加强他们和现实世界的紧密联系。通过这样的方式，孩子们就能张开想象的翅膀，自由地翱翔，他们也就能自然而然地发展自己智慧的创造力。

艺术想象的前提和基础同样也是现实，人类智力活动的内容不仅包括精确的观察和简单的逻辑推理，还包括其他更重要的东西。

像但丁、弥尔顿、歌德、拉斐尔之类的著名天才，通常都才华横溢，具有无与伦比的观察力、推理能力以及想象力。虽然我们普通人无法与之相比，但是我们每个人都具有想象力，都能够用自己的头脑创造出独具特色和风格的艺术品、诗歌和音乐等。

随着创造本能的不断发展，我们的思维就会变成一个巨大的艺术宝库。人的思维和心灵创造出来的这个世界丰富多彩，散发出巨大的光辉，满足并保护着人们的精神需求。

除了进行看得见、摸得着的观察之外，我们还可以做一些创造性的工作，让我们远离尘嚣，达到更高的境界。其实任何人都能在自己力所能及的范围内进入这样的境界。

但是，我们不可能凭空创造出一件艺术品，创造实际上是将现实中已有事物或原材料重新进行组合。这些原材料是我们用自身的感觉器官搜集到的，自古以来都有这样一条公认的名言：**我们的一切才能和智慧都先存在于感官之中。那些不能通过感官被我们感知到的东西，我们是无法想象出来的。**

之所以会这样，是因为意识通常被限制在经验范围之内，我们很难用语言去解释经验之外的东西。例如，即使米开朗琪罗的想象力十分丰富，但是，他最多也只能将上帝想象成是一个具有威严的、蓄着胡须的老人。而那些生来就失聪或者失明的人，是无法对自己从未感知过的事物形成具体概念的。

我们都知道，一出生就失明的人常常把颜色想象成与声音类似的东西。例如，将红色想象成喇叭声，将蓝色想象成小提琴声。而出生时不失明的人，则会把声音想象成他看得见的东西，例如，当他阅读到与美妙音乐相关的文字时，可能会将其想象成一幅美丽的画作。

但是，并非所有感官都能为想象提供等量的参考，通常某些感官会占优势。例如，音乐家的听觉通常都很敏感，他们更善于用声音来描绘周围的世界。

一位作曲家的创作灵感可以从幽深树林中夜莺的歌唱中获得，也可以从宁静乡间雨水的滴答声中获得。

而且，不同作曲家的感受方式也是不同的。例如，有些作曲家听觉灵敏，他可能会从静谧或喧嚣的角度来描述景象；有些作曲家视觉敏锐，可能会习惯于从事物的形状和色彩来描述；还有些作曲家触觉敏感，因此更喜欢从运动状态、弯曲程度、事物柔顺与否等角度来描述。

无论怎样，想象都必须建立在感官感知的基础上。因此，感官教育成了我们对事物进行观察、认知的基础，在感官教育的帮助下，我们就能从外部环境中收集想象的材料。

富有想象力的创造与现实的关系越紧密，与外部世界的联系就越密切，创造的价值也就越高。

哪怕是虚拟的超人世界，我们对它的想象也会被限制在与现实有关联的范围之内。

我们都认为，能写出《神曲》这种经典文学作品的人，一定是非常伟大的诗人，在这部作品中，我们会发现，诗人拥有的素材非常丰富，他在这些素材的基础上进行了令人惊奇的想象，因此诗中的比喻丰富多彩，十分奇妙。

几乎每一位伟大的作家或演说家，都能将丰富的想象力和观察到的事实紧密地联系起来。于是，我们会认为他们是天才，因为他们拥有渊博的知识、丰富的想象力以及清晰而敏锐的思维能力。

一个拥有丰富想象力的作家，必然拥有丰富的感观材料，这些通过感官获得的材料越精确、越完善，作家在此基础上创造出来的形象就越丰富。

想象力并非痴人说梦，如果一个人凭借荒唐的想象胡言乱语时，我们却认为他的想象力很丰富，那我们一定是疯了。这样的人对现实事物根本就没有正确的感知，他也没有将客观事实与智力联系起来的能力。

我们之所以认为富有想象力的语言很有价值，是因为作者使用的意象独特而新颖，他拥有对相关意象进行有价值联想的能力，能将现实的意象和想象的意象巧妙地结合起来。

一个一味模仿他人想象的人，必定会一事无成。因此，要想成为一名艺术家，首先必须用心地进行观察，然后结合观察到的事实来培养自己的想象力，对孩子来说也是如此。

艺术家在进行人物塑造时，并非依葫芦画瓢，而是在观察的基础上进行创造。

画家和雕刻家对周围事物的形状、色彩等极其敏感，他们能清晰地感知周围环境中的和谐与怪异，他们会对自己观察所得的印象去粗取精，从而让自己的作品更加完美。

希腊艺术之所以能够流芳百世，是因为希腊的艺术家们在进行艺术创造之前，对事物进行了深刻而独特的观察和思考。

当时流行穿着单薄的衣衫，而这种时尚正好让艺术家们更容易自由地对人体结构进行细致的观察，如此一来，他们就能够清楚地区分美丽的形体与不太协调的肉体。

有了现实的积累和天才般的灵感，这些艺术家就能够在大脑中对这些信息进行筛选以及归纳整理，进而创造出完美的艺术形象。

例如，拉斐尔经常去罗马的特拉斯特维尔寓所观察那儿的美女，目的就是创作出圣母像。拉斐尔在观察的基础上将她们的形象加以升华，与自己心中的圣母形象结合，就创作出了世界闻名的圣母像。

据说，有一段时间，米开朗琪罗经常彻夜观赏星空，朋友问他看到了什么，他回答说看到了一个圆顶。

正是由于长期的观察，再加上奇思妙想，米开朗琪罗才创造出了闻名遐迩的罗马圣彼得圆顶教堂。如果米开朗琪罗没有积累深厚的素材，名垂千古的圣彼得圆顶教堂也就不会存在，他的才华只会被白白地浪费。

与真实的生活越接近，艺术就会越完美。这就好像别人因为我们真正的才华而赞美我们时，我们就会发自内心地感到开心一样，这种赞美是真挚的。我们会感觉到，对方是花费时间进行细致的观察之后才发出如此真诚的赞美。对此，我们也会真心诚意地感谢对方。

如果对方赞美的美好品质并不是我们真正拥有的，或是对我们的优点进行了夸大或者歪曲，那我们就会很反感，认为对方很虚伪。对于这种人，我们并不想和他们再交往。

现实是想象的基础，而且人的感知能力又与他观察事物的精确程度紧密相关，因此，用什么材料来培养孩子的想象力，使他能精准地感知周围的事物，就显得十分重要了。

另外，**让孩子在一定范围内练习推理，让他们学习区分不同的事物，会为培养他们的想象力打下坚实的基础**。这个基础越牢固，孩子就越容易将想象与具体的形象紧密地结合起来，也就越容易与独立的意象建立起符合逻辑的联系，而任何夸张的、粗糙的幻想都不能让孩子走上正轨。

在培养孩子的想象力时，我们绝对不能阻止那些自发进行的活动，即使是那些看起来微不足道的活动。我们唯一能做的，就是观察和等待，就像面对小草的萌芽和微生物的生长时一样。我们不能自欺欺人，以为自己可以创造孩子的智能。

我们必须牢记，只要不是虚无缥缈的幻想或错误的幻觉，孩子的智力开发就会有坚实的基础，就能在这坚实的基础上建造出一座宏伟的宫殿。

人们通常认为，想象力异常丰富是孩子的特点之一，因此必须采用特殊的教育方式来挖掘和发展他们的特殊天赋。也有人认为，孩子就像原始人一样，喜欢在虚拟的、让人痴迷的世界中畅游，他总是会被迷人的、超自然的以及虚幻的事物所吸引。我们要指出的是，这种原始状态只是短暂存在的，很快就会被其他状态取代。我们必须让孩子从这种状态中挣脱出来，而不是让他保持这种状态，更不能让他延伸和发展这种状态。

　　我们确实可以在孩子身上发现一些类似原始人的特征。例如，在语言方面，孩子的描述用语很贫乏，他只能用一些简单词汇来描述某些具体的东西，同时他们用词也很笼统，常常用同一个词表达好几种意思。面对这样的状况，我们不能人为地干预孩子，也不能刻意加快他们这个时期的进程。

　　孩子的表现不同于那些总是停留在虚幻状态的成人。孩子会对优秀的艺术作品非常感兴趣，他们会沉浸在富有想象力的作品中。我们应该为促进孩子的才智发展提供适宜的环境。

　　在智力发展之初，孩子会自然而然地被一些奇妙的幻想吸引。但是，我们绝不能因此否定孩子，也不能过分限制他们的想象力。孩子是我们的未来，他们获得的成就一定能够超越人类现有的成就。

　　我们都认为，创造性活动是孩子在童年时期的一项重要活动。在进行创造性活动的过程中，孩子会赋予自己感兴趣的事物以新奇的特性，这是一种创造性的想象。

　　例如，孩子双腿骑跨着父亲的拐杖向前走，他认为自己在"骑马"，因为他感觉这和真正的骑马没什么两样。事实上，这证明了孩子具有丰富的想象力。

　　除此之外，我们还会发现一群有着丰富想象力的孩子，他们想象着自己在与他人合力打造一辆有座椅、有扶手的四轮马车。这种活动会带给孩子极大的快乐。

　　想象中的马车建好之后，孩子们还会想象自己倚靠着马车，开心地欣赏马车外的风景，并向周围欢呼的人群鞠躬致意的情景。有些孩子则会坐上座椅，挥舞着想象中的鞭子，鞭打想象中的马儿。这些都表明了孩子具有丰富的想象力。

当然，我们不能为了培养富孩子的想象力，强迫他用一根手杖来代替马儿和马车；同样的道理，我们也不能阻止孩子对马车的幻想。

例如，当一个穷人或乞丐闻到了富人家厨房里食物的香味之后，也许会想象自己正在吃一顿大餐，又有谁能阻止他产生这样的幻想呢？

同样，假如一位家庭贫困又深爱孩子的妈妈将一块面包一分为二，分两次递给孩子，并且对孩子说："这块是面包，这块是肉。"孩子也许会认为自己既吃到了面包，也吃到了肉，并因此而感到满足。

曾经有个人很认真地询问我："孩子经常用手指在桌上比画，假装在弹钢琴，如果我给他一架真正的钢琴，那是好还是不好呢？"

我反问他说："你认为哪儿不好呢？"

他说："如果孩子有了一架真正的钢琴，当然可以学会弹琴，但是，他就没有办法锻炼想象力了，那我应该怎么办呢？"这种担心看起来很有道理。

福禄贝尔设计的某些游戏就存在这样的问题，老师会给孩子一块积木，并说："这是一匹马。"然后，老师将一些积木按顺序摆放，说，"这是马厩，现在我们要把马儿放进马厩中。"接下来，老师会重新排列积木，说"这是一座塔"或"这是一座教堂"等。

老师将积木比作马儿，不但无法让孩子从积木联想到马儿，反而容易让孩子的头脑一片混乱。手杖之所以可以轻轻松松地让孩子产生与马儿的联想，是因为孩子可以骑在手杖上，还可以假装鞭打马儿。

游戏的问题不止这些，在游戏中使用积木，进行创造性想象、从事智力工作的其实不是孩子，而是老师，孩子只是按照老师说的去做而已。我们无法了解，孩子是否真的在他的头脑中想象出了马厩或教堂的样子，我们也不知道他是否开了小差。孩子只是不得不认真思考老师提示的那些只存在于积木中的意象。

这样一来，我们究竟在孩子尚未发育成熟的大脑里塞入了什么呢？在这种教育方法之下，孩子只会形成"错误的认知"，有些孩子会把树当成王位，并对其他人发号施令；有些孩子则会相信自己就是上帝。这种错误的认知会让孩子判断失误，甚至会引起神经错乱以及其他并发症等。无法满足自身欲望的孩子会像精神病人一样，表现得狂躁不安，他不能为包括自己在内的任何人做任何事情。

大人们在提升孩子的想象力时，会努力让孩子将虚幻的东西当作现实的事物来接受。

例如，在某些拉丁语国家，大人给孩子讲圣诞节的故事时会这样描述：有一个名叫比瓦娜的丑女人，她会爬上烟囱，从烟囱进入孩子的房间，然后将礼物送给听话的孩子，而那些调皮捣蛋的孩子则只能得到煤块。

在盎格鲁–撒克逊国家，人们是这样描述圣诞节的：深夜，一位满身风雪的白胡子老爷爷悄悄地走进孩子的房间，他将手中篮子里的玩具分发给尚在睡梦中的孩子们。

这些故事表现出来的并非孩子的想象力，而是那些编造故事的成年人的想象力。它们又怎么能培养孩子的想象力呢？听这些故事时，孩子要做的只是相信，而不需要想象。

我们之所以这样教育孩子，是因为我们希望孩子能够很容易就相信我们。

头脑不成熟的人更容易轻信他人，因为他们没有足够的经验，也不具备相关的现实知识，因此他们无法辨别事情的真伪和美丑，也无法确定事情发生的可能性。

难道我们要因为孩子的无知和不成熟，就企图让他们培养出轻信我们的特质吗？这种做法是相当不道德且完全错误的。

成年人有时候也会轻信他人，这既不是智慧的基础，也不是智慧的结果。人只有在变得愚昧时，才更容易轻信他人。

17世纪时，流传着这样一则具有讽刺意味的故事。

那时，巴黎的新桥是专供行人通行的，许多人都会在那儿休闲、集会。在这群人中间，混入了一些江湖骗子和庸医。

有一个赤脚医生，名叫马里奥罗，他时常在这里兜售一种药膏，而且会跟人吹嘘，说这种药膏来自中国，具有十分神奇的功效，不但能够让人的眼睛变大、嘴巴变小，还能让短鼻子变长、长鼻子变短。

萨丁警长拘留了马里奥罗，审问他："你是如何让这么多人上当的？"

马里奥罗问警长："尊敬的警长，您知道每天有多少人经过新桥吗？"

"1万到1.2万人吧。"

马里奥罗接着问："那么，您认为这些人里面，有多少是聪明人呢？"

萨丁警长回答说："差不多有100个吧。"

马里奥罗说："这是最乐观的估计。然而，就算有100个聪明人，我还是能在剩下的9900人中找到机会。"

与17世纪相比，现代社会中聪明人的数量已经大大增加了，因此，容易上当受骗的人也要少多了。但是，我们的教育依然不应该让孩子去轻信他人，而是要让他们掌握生活的智慧。以让孩子轻信他人为目的来进行教育，就好比在沙漠中建起高楼一样。

随着生活经验的日积月累以及思想的逐渐成熟，我们不会再轻易地相信别人。如果能用正确的方式来教育和指导孩子，孩子也会远离轻信。

无论是国家还是个人，随着文明的进步，越来越不容易轻信，正如这句话所说，"知识可以驱走无知的黑暗"。

在愚昧无知的地方，最容易出现毫无结果的幻想，因为那里缺少能够让幻想上升到更高层次文明的支撑。

我们并不希望孩子轻易相信别人告诉他的所有事情，不能将轻信作为培养孩子想象力的基础。当我们发现孩子不再相信神话时，往往会发自内心地高兴，因为这意味着孩子已经长大了，我们甚至会因此夸赞他。

我们成年人必须反思："在孩子慢慢长大的过程中，我们究竟为他做了什么？我们为孩子的灵魂成长提供了什么帮助？我们让孩子变成一个正直、坚强的人了吗？"

事实上并没有！成年人只会想尽一切办法让孩子保持幼稚、天真，让他充满幻想，反而是孩子自己克服了困难，也战胜了自己和成年人。

孩子会在自己的内在发展动力的指引下进行各种活动，这种动力指向哪里，他们就会走到哪里。

孩子也许会指责成年人："你们为什么要这么折磨我们啊？本来我们成长的任务就很艰巨了，你们这些大人还要不断地压制我们，真是太没有道理了。"

事实正是如此。

当孩子学习语言时，我们非但没有帮助孩子听到清晰准确的发音，反而嘲笑孩子幼稚的语言，模仿他们笨拙或错误的发音。大人们的这些做法对孩子的语言发展非常不利，会让孩子无法纠正错误的发音，进而延缓他语言的形成期，甚至有可能让他退回到婴儿状态。

同样，我们也阻碍了孩子想象力的培养。

当孩子的头脑处于幼稚的幻想中，呈现出一种无知或错误的状态时，我们会觉得很有趣；如果孩子轻易地相信了我们讲述的圣诞故事，我们会产生一种成就感；当将婴儿抱起来抛上抛下时，我们也会感到非常高兴。

我们的这种心态就像某些贵妇人，表面上看起来，她们非常关心收容所里的孩子，事实上心里却在想："如果没有这些孩子，怎么衬托出我们的幸福愉快呢？"同样，面对轻信我们的孩子，我们也会说："如果孩子们不能轻易地相信我们，我们的生活怎么会有这么多乐趣呢？"

我们这样做其实只是为了让自己开心，说严重点儿，我们的这些做法甚至可以称为"犯罪"，因为它们阻碍了孩子的发展。

也许会有人觉得我说的这些过于严重了，但事实就是如此，只是我们没有意识到问题的严重性而已。

如果我们能抑制自己的冲动，让孩子自由地成长，不再人为地延缓他的成长期，并且诚挚地赞美孩子在成长路上的每一次进步，那我们就算是为孩子的成长做出巨大的贡献了。

为了培养孩子的想象力，首先我们必须让孩子成为他们生活环境的主人，用从现实中获得的知识经验来充实孩子的头脑，然后让他们在此基础上自由地成长。只有这样，孩子们才能展示出自己的想象力。

　　我们可以从家庭贫困的孩子开始进行这项工作，因为这些孩子一无所有，并且渴望拥有他们难以得到的一切，就像穷困潦倒的人渴望腰缠万贯、受压迫的人渴望变成国王一样。

　　一旦穷人家的孩子拥有了属于自己的房子、扫帚、陶器、肥皂、梳妆台或其他家具，他们就会兴高采烈地照料这些东西。**当他们得到了这些期待已久的物品之后，物质上的欲望就会变弱，内心也会变得平静而富有。**真实的财富会让他们安静下来，不再将宝贵的精力耗费在毫无意义的幻想之中。

　　有一位孤儿院的教师跟我说，她按照我的方法教育孩子，还邀请我去他们那儿观察孩子学习的过程。

　　我和一位教育界的权威人士去了那家孤儿院，我们看到一些孩子坐在小桌边，他们正在给自己的玩具娃娃摆餐具，准备让它来"吃饭"。这些孩子们做这些事情的时候脸上没有任何表情。

　　对此，我十分不解。我面带疑惑地看着那位邀请我来参观的老师，然而她竟然对孩子的表现也没有什么特别的反应。很明显，在这位老师的眼中，无论是假想的生活，还是现实的生活，对孩子来说都一样。这种摆餐具、吃饭的游戏和实际生活是差不多的。

　　童年时期的错误教育，会导致孩子形成某种错误的精神态度。

　　曾经一位著名的意大利教育家对我说："自由不是什么新鲜事物。你只要读一读夸美纽斯的著作就能知道，在那个年代，人们就已经在讨论自由了。"

我说："是的，的确有很多人讨论过自由的问题。但是，我所说的自由，是一种真正意义上的自由。"

这位教育家听完，并没有明白两者之间有什么区别。或许，我可以再补充一句："难道你不觉得一个谈论百万财富的人和一个真正拥有百万财富的人是有区别的吗？"这样一来，他可能就真正明白并且无法再反驳我了。

一个从假想事物中获得满足的人，可能会将假想的东西当成真实的存在，他总是在追求幻想，拒绝承认现实。在生活中，这种人普遍存在，更可怕的是，人们还没有意识到这一点。

不论是否拥有坚实的基础，想象力都是存在的。但是，不是建立在现实和真理的基础上的想象，容易成为压抑智力发展的消极力量，会阻碍真知的展现。

正是因为这样的错误认知，人们浪费了大量的阴和精力。**不以事实为基础的想象，就像没有目标的工作一样，只会无谓地消耗人的体力和智力，甚至让人病倒或者魔怔。**

在大多数情况下，学校是一个阴沉而单调的地方，墙壁是灰白的、窗帘是白色的，这样的环境使得孩子的感官无法放松。

学校之所以布置成这样，是希望孩子们能够专心听讲，避免外在刺激分散了他们的注意力。

孩子们在这样的环境中一待就是一整天，他们只能默默地坐着听老师讲课，按照老师的指令行事，因为他们的服从程度关乎老师对他们评价的好坏。

克拉伯雷迪如实地描述了这种现状："当前我们采用的教育方式，是强迫孩子吸收一大堆毫无意义的知识，这些知识并不能对孩子的行为加以引导。孩子明明无心听课，我们却强迫他们听；孩子明明无话可说，我们却强迫他们作文和演讲；孩子缺乏好奇心，我们强迫他们进行观察；孩子失去了发现新知的欲望，我们还要强迫他们推理论证。总而言之，我们总是强迫孩子做这做那，却从未征求过他们的意见。"

孩子们上学就像受苦役一样，老师讲课的时候，他们就得一动不动地坐在那儿被动地听说读写，但是他们的脑子却没有认真地进行思考。

老师是根据随意设计的教学大纲来进行授课的，这份大纲从来没有考虑过孩子的实际需求，却要求孩子必须要跟着老师的思路走。这样，孩子头脑中的意象就只能像梦境一样漂浮不定。

老师在黑板上画了一个三角形，它是一个抽象概念的视觉形象。对于那些在现实生活中从未接触过三角形的孩子来说，就必须很努力才能记住这个形状。

接下来，老师会围绕这个三角形，讲解许多抽象的几何计算。在这样的教学方法之下，孩子可能什么也学不到，因为这时候孩子除了能用眼睛观察图形之外，不能用其他感官来进行感知并将它与其他事物进行结合，它几乎不可能成为孩子想象与创造的灵感。

在这样的状况下，孩子得不到可以获得才智与创造性成果的外部刺激，他自由选择活动和工作的能力以及独立思考都有可能被抑制，情感也会被压抑。

面对这种情况，老师则会让孩子进行写作，以激发孩子的想象力。如此一来，孩子就只能被迫费尽心思地胡编乱造，写出来的文章自然就很空洞乏味。

这样的作文练习表面上是为了培养孩子的想象力，然而事实上，复杂的精神成果不可能被凭空创造出来。

众所周知，很多孩子都非常害怕写作文，老师常常批评他们的文章"立意肤浅""逻辑混乱""毫无创意"。

当老师布置了作文题目之后，孩子被迫在规定时间内写出文章并且上交。没有东西可写，却不得不写，这让孩子感到既痛苦又压抑，他们认为上作文课就是一种灾难。

其实，为了进行创造，孩子需要不断地从外界环境中吸收材料并且进行思维锻炼。只有进行了内心生活的创造之后，孩子才能将它表达出来并写成一篇好的文章。

我们要为孩子提供内心生活所需要的东西，这样，孩子才能自由地进行创造，才能拥有旺盛的求知欲，最后变成一个喜欢思考、灵气十足的孩子。

我们必须关爱正在为此而努力的孩子，如果他创造性的想象力还没表现出来，那就说明他的智力尚未发育成熟。当看到这种情况时，我们绝对不能勉强孩子去进行想象和创造。

至关重要的
道德教育

假如我们想办法解决了
大人与孩子之间的斗争，尽
力帮助孩子，满足了他的自
然需求，那我们的精神就会
变得更高尚。

　　当我们努力给孩子进行道德教育时，首先应该问问自己：我们真的爱孩子吗？我们真的希望孩子能成为一个道德高尚的人吗？我们对孩子的爱以及我们对待孩子的方式，都会影响孩子的道德发展。

　　孩子年幼的时候很好动，什么东西都想碰一下、摸一下，特别是遇到他们喜欢的东西，例如纸立方、砚台、圆铃铛等，即使这些东西不属于他们，他们也很想触碰一下。

　　然而，父母却会阻止孩子这样做，他们会轻轻地打孩子的手，说："别碰，你这个小淘气！"然后转身把这些东西拿走。

　　我曾亲眼看见这样的场景：有一位父亲，他是一名医生。一天，当这位父亲正伏案工作时，一旁在母亲怀中的儿子伸出手去摸桌子上的东西。母亲大叫着阻止孩子，说："你这调皮的孩子，别动！"母亲边说边紧紧地抓住了儿子的小手。孩子发现母亲阻止了自己的行动，就将身子往后一仰，双腿一通乱蹬，顿时号啕大哭起来。

　　这位父亲很无奈地告诉我："我的孩子还这么小，已经很淘气了。为了不让他碰我的东西，我和他妈妈想尽了办法，却一点儿用也没有。"

　　孩子到了三四岁的时候就很好动了。他总是闲不住，希望可以找到一些事情来做。这时父母可能会发现，孩子非常喜欢模仿父母的行为，父母做什么，孩子就跟着做什么，例如，母亲在厨房里忙碌，孩子也会跟过去干活。孩子希望可以和母亲做同样的事情、使用同样的工具。比如，他会想要学揉面、煮饭、洗衣服或是擦地板。

　　面对孩子这样的行为，母亲感到很烦心，因为孩子总是给她添乱。母亲会不停地对孩子说："你别动这个，到一边去，不要总是缠着我。"

　　由于母亲的制止，孩子可能会大声哭泣，甚至可能躺在地上撒泼打滚。但是过了一会儿，趁母亲不注意时，孩子又会开始做这些事情：洗衣服，可能会把自己身上的衣服弄湿；或者会把汤藏起来，然后不小心将汤洒到了地上。

　　母亲因此会很愤怒，然后大声地责骂孩子，而孩子则会用使性子或大哭大闹等方式来反抗母亲。哭闹一番之后，孩子依然会学着母亲的样子做事。

　　当母亲没有做日常工作时，孩子也会找些事情来做，如果孩子没有什么事情可做，就会无缘无故地大声哭闹，甚至会很愤怒。面对孩子的这些行为，有些父母感到很无奈，他们感叹道："虽然我的孩子很聪明，但是他太淘气了，我都要被他烦死了。不让他做这些事情的话，即使给他玩具，他也不满意，真是太难了。"

对于这些状况，有些父母会问："我的孩子几乎没有安静的时候，真的不知道该怎么办才好。孩子这么淘气，我应该怎么办呢？他发脾气时，我该如何教育他？"

我们也常常会看到这个场景：烦躁的母亲暴跳如雷，大声呵斥孩子："安静点儿，不准哭！"母亲大发雷霆的声音让孩子受到了惊吓，孩子反而因此哭得更伤心。

孩子才刚刚来到这个世界不久，就要开始他人生的第一场"战役"——与父母的"抗争"。在父母眼中，这种"抗争"总会给孩子带来各种"道德问题"。之所以会发生这种"抗争"，是因为孩子和父母的生活方式完全不同，而双方都希望对方可以满足自己的需求。

孩子才刚刚开始自我塑造，而父母已经定型了。孩子进行自我塑造时，必须不停地奔跑、跳跃，以协调自己的动作、控制自己的行为，父母却希望孩子循规蹈矩、安安静静，想控制孩子的行为。

孩子的感官还在发育，适应能力也还没有完善，因此必须借助各种活动来进行发展和完善。与之相反的是，父母的感官早已发育成熟，一些感官上的错觉也得到了纠正，除非他们的适应力被破坏，否则没有必要再去发展，因为它已经达到了完善的程度。

孩子渴望从外部环境中吸取更多的知识和经验，而父母的知识和经验已经非常丰富了。这样一来，父母就很难理解孩子的行为，孩子也无法理解父母的做法。

父母总是希望孩子可以像大人一样行事，一旦孩子做不到，就是"任性""淘气"和"不听话"。

我们试着想象一下这样的情形：妈妈拽着小孩子向前走去，而小孩子几乎要靠跑才能跟上妈妈走路的速度。因为孩子的腿还很短，身体也很脆弱，他远远比不上身强力壮的妈妈。

这样走路的话，孩子很快就累了，他会哭闹着停下脚步，怎么都不愿意再向前走。而妈妈会因此斥责孩子："走快点儿，你太淘气了，不准胡闹。难道你想让我抱着你走吗？那是不可能的！你必须自己走。"

如果孩子蹲坐在地上玩耍，妈妈就会大声责怪孩子："赶快起来，你这淘气的孩子，看看你的衣服，都弄脏了。"

孩子之所以会有这些表现，是由于下面这些方面：孩子的身体和成年人不同，孩子的腿又细又短，上半身与下半身的比例还不协调，头重脚轻，因此他们不能走太远的路。但是，孩子的发育速度非常快，为了更准确地认识周围更多的事物，他必须去触摸、聆听和观察。孩子之所以好动，是因为他要协调身体的动作，以便让身体变得更灵活。所以我们会看到，孩子几乎没有一刻不在活动。**我们可以让孩子在地上自由地摸爬滚打，而这正是孩子富有生命力且不断成长的表现。**

由此可见，孩子的这些行为并非道德问题，而是生活问题。孩子是在摸索建构自己生活的方式，也是在寻找锻炼生活能力的机会。**实际上，成年人总是阻碍孩子活动的做法才有道德问题，因为成年人侵犯了孩子的自由，给孩子的身心造成了伤害。**

在如何对待孩子的问题上，我们的潜意识中其实深藏着利己主义。我们为什么会生孩子的气呢？那是因为孩子给我们造成了某些麻烦。因此，成年人会和孩子发生斗争，是为了维护自己的舒适和自由。

在潜意识里，成年人觉得自己遭受了不公平的待遇，但他又不想直接在孩子面前表现出来。然而，孩子并没有反过来指责我们，也没有对我们心怀恶意。相反，孩子始终坚定不移地爱着我们，他原谅了我们的错误，并且渴望一直和我们在一起，希望被我们拥入怀中，或者在我们怀里安然入睡。

当我们感到疲惫或厌烦时，会冷漠地拒绝孩子的要求，打着爱和教育的旗号，要求孩子"乖巧懂事，不能撒娇"，并借此掩饰来自潜意识里的自私。

孩子常常被成年人安上"调皮、捣蛋"的名号，这种带有伤害性的批评几乎成了成年人的口头禅。然而事实上，孩子是完美的，他"没有什么邪念，一切都能忍受，很信任其他人，也渴望很多东西"……

假如我们想办法解决了大人与孩子之间的斗争，尽力帮助孩子，满足了他的自然需求，那我们的精神就会变得更高尚。换句话说，只要我们能够尊重孩子的自然发展，人类的精神世界也会随之得到发展。

　　然而事实上，孩子是上天赐予我们的一份宝贵的礼物，可是为了让孩子服从我们，使我们的生活更加安逸，我们却将他狠狠地踩在了脚下。

　　如果成年人在这方面的道德错误不能得到及时的纠正，那么当孩子成年之后，他也会出现同样的道德问题。

　　当孩子想要触碰这样或者那样的物品时，即使受到了大人的"责罚"，也毫不犹豫地做了，这都是为了满足他的发展需求。

　　如果孩子能够按自己的意愿行动，他就会往好的方向发展。在我们儿童之家，哪怕是最调皮、最叛逆、最难以调教的孩子，只要有一把小梳子，他们也非常愿意帮其他小伙伴梳头，也能因此变得顺从、活泼和讨人喜欢。

　　只要我们为孩子准备一个小脸盆、一块小肥皂，他们就会认真、谨慎地使用它们，以免将它们摔坏了。他们会用肥皂将脸盆洗得干干净净，然后将它们一一放回原位。

　　在儿童之家，孩子们每天都对穿衣服、做清洁、梳头发、整理物品等事情乐此不疲。他们乐于使用各种东西，而不是敲打玩具或摔坏物品，他们的活动也因此变得更完善。

　　孩子真正的愿望，并不是有人替他们穿衣服、满足他们的各种物质需求。他们真正需要的是"有事可做"，他们想依靠自己的智慧进行活动，并借此提高自己的各种能力，以满足自身的成长需求。

　　因此，只有帮助孩子实现了创造目标的人，才能称之为仁慈。只有让孩子自由地进行自我创造、让孩子的行动不被限制的人，才是仁慈的人。只有这样的人才能帮助孩子养成高尚的道德品质。

同样的情况也会发生在学校里，师生之间时常存在着"抗争"。老师会根据学生的表现来评判他们，将他们分成好学生与坏学生，或者说是听话的孩子与捣乱的孩子。

学校这样区分学生的好坏似乎很容易，好学生表现优异、安静、沉稳，而坏学生则时常违反纪律、话多、好动。

有人认为，这些都是公认的评判学生好坏的标准，并没有什么不妥的地方。这种评判只是人们对孩子表现出的一种态度，孩子们既不会因此得到较高的荣誉，也不会因此受到较重的处罚。然而事实上，无论是"尊敬"还是"荣誉"，以及那些道德价值较高的东西会依赖于这种标准，学校的校长、教师和学生的"名誉"似乎都与此有关，而那些奖惩制度也都是按照这个标准来确认的。

进行这种评判并不需要所谓的"证明"，也不需要所谓的"权威"，因为评判标准都是大家肉眼可见的，都是以可评判的内容为基础的。

一个人的外在行为并不包含那些神神秘秘或者具有高度哲理性的东西，只是展现了生命本身成长的过程。有些行为会产生严重的后果，甚至会触碰大众所依赖的某些公正原则，影响周围的人和事。例如，考试的时候，学生们都是按照排列好的顺序坐着的，他们要按照学校的要求当场交出一份真实的、可供教师评判他们"好坏"的答卷。如果某个学生作弊，或者帮助其他同学做了题目，那他的行为就不仅仅是"调皮捣乱"，而是"道德品质败坏"了。

学校就会因此惩罚这个作弊的学生，也许会将他的考试成绩作废，这就意味着他整个学期或学年的努力都白费了，他必须重修那门课。

孩子之所以会帮助别人，是因为他内心善良，但是这个学生却因为帮助别人而受到了惩罚，被要求重新考试、重修课程，甚至被迫降留级，重新开始这一学年的学习。也许这个学生来自贫困家庭，他很努力地想考出个好成绩，以便以后能找份好工作，可以用自己的收入来补贴家用。

我们认真思考一下，对于这样的孩子，学校作废他的考试成绩，难道不是有失公正吗？他因为帮助其他同学而损失了大量的时间，他是为了别人才"牺牲"了自己的。这样的惩罚未免也太重了，我们不能仅仅因为这个而废除他的考试成绩。

在学校教育中，我们必须认识到：孩子各方面的思维会相互渗透和影响，不能仅凭作业和成绩单来判断他们的好坏。

为了防止学生出现考试作弊、上课讲话之类的"道德问题"，学校会使用所谓的"道德课桌"。例如，将课桌的前面敞开，让老师一眼就能通过桌斗看见学生在做什么，这样一来，学生就无法作弊了；另外，课桌之间的距离也被扩大了，以免学生在课堂上和其他人聊天。

为了保证课堂的秩序，学生只能乖乖地听课或接受训诫，老师会要求学生安静地坐在座位上，不允许他们做任何动作，也禁止学生之间进行任何交流。

难道老师的这些做法真的能够防止学生出现"道德问题"吗？

事实上，这些做法只会禁锢学生的自由，反而让许多孩子在上课时无法集中注意力，不能专心听讲，甚至还可能出现精神恍惚的状况。为了减轻上课时遭受的痛苦，孩子们在课后更容易出现打架、撒谎、逃学等行为或道德问题。

孩子出现这些问题的根源在于教育本身。因为孩子需要一个正确的途径来宣泄他们旺盛的精力，然而现在的教育并没有为他们提供这样的途径，所以他们才会通过一些错误的方式来宣泄。

孩子来到学校是为了接受道德教育的。孩子出现这些问题的关键在于学校的教育。

大家渐渐地了解了我们儿童之家的教育法，儿童之家的孩子们在一起生活、学习的时候，都非常开心，也非常专注。尽管如此，还是会有人批评我们的教育，他们说："如果所有的孩子都各学各的，还怎么培养他们的道德情操呢？"在他们看来，培养孩子的道德情操就是让所有的孩子在同一个时间段做同样的事情，即使是上厕所，也要排队一起去。难道这样就能培养孩子的道德情操了吗？

每个人都有自己的事情要做，人际交往时要讲礼节，人和人之间要互相帮助。以上这些是成人世界的道德标准。而孩子在进行交际时，我们却要求他们身体姿态一致，并且要集体行动，这个标准与快乐和礼节毫无关系。

按照这个说法，儿童世界与成人世界是完全相反的。在成年人的世界里，人们要互相帮助；在孩子的世界中，却认为互相帮助是错误的，是在违反纪律。

现代教学法要求老师在讲解每篇课文时，无论课文描述的是鸟儿、食物还是物体的形状，都必须将其上升到道德的高度。这就好像所谓的教育专家所说的一样，"教师在进行课文讲授时，最终必须讲出其道义目的"。

老师必须维持班级的纪律，以保证所有学生都能够遵守纪律、专心听讲。为了达到这一目的，老师经常对学生实施惩罚。

教育工作者处理孩子道德问题的主要方式是奖惩制度。大多数人认为，要想让学生好好学习，就需要对他们进行外部的刺激，以便让他们养成良好的行为习惯。

也有一些人认为，我们应提升孩子爱的品质，培养他们的责任感，而不是一味地阻止孩子做坏事。大家都认为这种观点很高尚，但是并不切合实际。

纵观奖惩制度的演变，再看看历史上所有教育家对此进行的研讨，几乎没有人提出过这样的问题：对于孩子来说，究竟什么样的"好"才应该被奖励，什么样的"坏"才应该被惩罚呢？

换句话说，在对孩子提出某个要求之前，很少有人进行过这样的思考：这个要求究竟是对还是错？我是否认真研究和判断过它的价值呢？

用奖励来引诱孩子认真学习、做出好的行为，会消磨孩子的精神、危害孩子的智力。难道我们就是为了获得这些奖励，才认真学习、努力工作、好好做人的吗？

现实生活中，小学时常被奖励的孩子，上高中后可能会变得很普通；高中经常受到奖励的孩子，到大学时也可能会变得很平凡；那些在学校里经常被奖励的人，进入社会之后也有可能会变得平庸，他们很容易被现实击败。

因此，我们必须认真思考一个问题：我们让孩子一面被压抑，一面又被刺激，让他们处于毁灭的边缘，这种做法真的是正确的吗？

近年来，一些有科学创见的人类学家对比研究过时常获奖的聪明孩子和时常被罚的笨拙孩子。他们的研究结果显示，那些时常获奖的孩子通常身体较弱，身材矮小，胸围较窄，其中很多人都戴着眼镜，他们的大脑与其他孩子的大脑没什么区别。

对此，我们能够想象到这样一种情形：许多聪明的孩子，由于害怕犯错误，学习的时候经常提心吊胆的，这种心理会给他们带来许多烦恼。对于他们来说，流利地背诵课文、考试成绩优秀，比散步、玩耍更重要，他们甚至为此每天减少一小时的休息时间。这些孩子总是希望自己能获得第一名，得到各种奖励，梦想自己的未来生活会比同伴更美好。他们坚信自己就是祖国的希望，因此，他们总是为了将来而辛苦努力地学习。

但那些时常被惩罚、对学习没有抱太大期望的孩子，一般身体都发育得很好，也非常快乐。

奖惩制度是学校德育工作的一部分，也是一种教育手段，这种教育手段很容易让个体被群体所孤立。奖惩制度能够刺激孩子之间的竞争，例如，如果一个孩子发现其他人因为比自己聪明、成绩比自己优异而得到奖励时，他就会受到刺激，开始以那个优秀的孩子为榜样，更加努力地学习，并且想方设法地超过对方。

正是这样，奖惩制度也得到了进一步的发展，甚至让整个学校的教育工作水平提高了一大截。与之相伴的是，孩子也习惯了"经受磨炼"，接受了这种道德教育模式。

然而，平等条件下的竞争才是有效的竞争。换言之，参与竞赛的双方必须是平等的。

在双手正常的孩子面前，双手残疾的孩子会感到自卑。残疾孩子由于身体缺陷在这场竞争中极有可能会失败，而且还有可能被同伴嘲笑。

也许有些老师会不断鼓励有残疾的孩子，劝慰他们不要伤心，更有甚者可能会为了鼓励孩子克服缺陷而给他们惩罚，希望他们继续向强者学习，然而这种做法可能会让这个孩子丧失信心。

其实，只有让孩子在他们能力范围内获得一定的成就，他们才能感受到光明和希望。在他们力所能及的范围内和别人进行竞争，他们才更容易受到鼓舞，他们的内心才会充满希望。

当一个残疾孩子战胜了正常的孩子，并被当成一个值得学习的榜样之后，又会怎样呢？接下来他会和谁竞争？谁又会激励他不断进步呢？如果所有的孩子都是由于受到比自身更优秀的孩子的刺激才能努力前行，那谁又能刺激那个最优秀的孩子呢？

现在可能不太适合谈论这些问题。对于那些相对聪明的孩子来说，外界对他的推动力也许是正好相反的。

有些人也许更倾向于和不如他的人竞赛，这让我想起在精神病院进行的一场比赛。这场比赛的组织者是一个智障男孩。这个男孩的个头很高，他却挑选了一些个子矮小的孩子进行比赛。毫无悬念，男孩轻而易举地战胜了一个又一个的小伙伴，他非常高兴，脸上还洋溢着胜利的喜悦。

这样的情况并非特例。那些有野心却很懒惰、不想动脑筋也不想完善自己的人，会采用和这个男孩一样的方式和态度来做事。

所以，有时候我们会发现，一个优秀的演说家也可能会设法与那些不善言辞的演讲者一起比赛，而有些漂亮女孩更乐意与长相不如自己的朋友一起逛街，以此凸显自己。

如果让聪明健康的孩子和那些身患疾病或残疾的孩子竞赛，会让他们产生膨胀的优越感。而那些家教良好、生活富裕的孩子，如果和家境贫穷、无人照看的孩子在一起，会让他们有一种优越感。

那些不愁吃穿、睡眠充足的孩子，他们早上起床后会精神饱满；而那些家庭贫困的孩子，可能需要在日出之前就起床去卖报、送奶，然后才能去上学，如此一来，他们在学校里就会很疲惫。

当孩子们都坐在一起学习时，精力充沛的孩子觉得自己比那些早起做事的孩子更优越，并将自己作为那些孩子的"榜样"或者说是"刺激物"。其实，这两种孩子都受到了错误的引导，容易走上道德的歧途。聪明的孩子因此被误导了，认为自己比别人更优秀，其实他们只是比别人更幸运。

在孩子成长的过程中，我们要让他拥有一颗仁慈的心，并以此去认识真理，对待那些不幸的人。

老师会用寓言故事来启发孩子内心的良知，引导他们关注那些遭遇不幸却又能勇敢面对的人。然而在现实中，那些身患疾病、家庭贫困或遭遇不幸的孩子，依然有可能会遭受责备、惩罚和羞辱；与此同时，那些妄自尊大的聪明的孩子却被树立成其他孩子的榜样，并且获得了奖励。

一个思想道德品质低下的人，是无法受到上帝的眷顾的，他只能感受到来自地狱的召唤。

无论是强者还是弱者，那些在生活中迷失了自我的人，都很难自我救赎，想要他们不受奖励的诱惑、不受惩罚的恐吓、不受竞争的驱使是不太可能的，同样他们也很难保持自己内心的完美无瑕。

只有那些经过了严峻考验，并且没有被荣耀或惩罚伤害的人，才能依靠自己的力量走上通往真善美的大道。这些人才是真正的天才，是真正对人类有贡献的人。

我们认真分析一下所谓的"好""坏"就会发现，通常被我们用"坏"来评价的人，他们的"坏"是由一些外部因素造成的，例如，贫穷会导致一个人酗酒，堕落会导致一个人犯罪，而带有偏见则会让一个孩子犯错。

但是这些原因也不是绝对的和一成不变的，而是暂时的、能够改变的。

如果能给人提供工作、让人能够获得教育，帮助人们与酗酒等堕落行为做斗争，很多罪恶的根源就会被消除，人类社会的道德基础会得到改善，人们的道德修养也会得到提升。

如果学校中孩子出现道德问题的根源是偏见，那么，我们要做的第一件事，就是按照自然法则对学校教育进行改造。

这是一个我们必须勇敢面对的重要问题，道德教育不能依靠奖惩制度和竞赛规则来评判，也不能依靠给孩子灌输道德原则和新"十诫"之类的东西。道德问题是一个真正重大的社会问题。如果道德问题能够被限制在可预防的影响之内，问题的根本就会显现出来。

例如，在一个人口稠密的贫困地区，许多人会为了生活铤而走险。这里会出现大量无视人的公民权利的现象，这种现象会让这里的人更加堕落，很多人都会做出违法的事情。面对这样的情况，我们自然会认为这里的人都很邪恶。

而那些工业发达的城市通常环境整洁，人们都安居乐业。富有艺术气息的电影院取代了低俗的酒吧，餐馆中用餐的食客也都会安安静静、举止优雅。我们会认为这里的人都很文明。

然而，这些人真的不错吗？真正的"好"人，其实是那些让社会生活条件得以改善的人。

孩子的"调皮"可以说是一种"为精神存在"而斗争的表现。孩子会为了获得"精神食粮"而斗争，就好像穷人为了生存而斗争一样，没有面包充饥的时候，穷人就堕落地迷恋上了酒精，孩子也会因为精神上的匮乏而堕落。

孩子为了精神食粮而斗争和堕落，是多么令人同情，他们的精神需求被冷落、被忽视，最后变得一无所有。孩子比任何人都清楚地表达出了他们的需求："我不仅需要物质食粮，也需要精神食粮。"

"人类真正的问题不是物质食粮的问题。"以前那些与身体需求有关的灾难、斗争和社会主张等都清楚地显示了它们与人的精神需求是相关联的。

孩子渴望健康成长，渴望进行自我完善，也渴望提高自己的智力、培养自己的心灵、铸就自己的性格，为此，他必须从被奴役的状态中得到解放，去战胜现实中的生活。

我们不能只关心孩子身体所需的营养。在满足了他们的物质需求之后，还应该满足他们更高层次的精神需求。否则，他们就会冲动、愤怒、绝望以至堕落。

让人类的精神需求不断得到满足，就是对道德的巨大贡献。

如果孩子能够自发地专注于自己的大脑活动，他内在的心理需求就会得到满足。当孩子变得足够成熟以后，他就能够集中精神思考，也会变得平和有序。孩子就变得举止优雅，他们的艺术、音乐以及其他各种智能之间的关系也会更加和谐。

只有真正获得"解放"的孩子，才能达到这样的效果。想让孩子道德高尚，并不需要我们采用任何特殊的方式来引导他们，不需要刻意要求他们不再任性，也不需要教他们如何安静地学习和工作。我们也不必激励孩子们互相交往和学习，不必对孩子描述秩序对人类如何重要，更不必刻意要求他们随时保持秩序、尊敬他人等。我们只要帮助孩子自由地生活就可以了。

相反，是孩子们让我们意识到，他们应该如何生活；也是孩子教会了我们，除了物质需求之外他们还需要什么。

只要让孩子自由发展，然后给他们应有的帮助，他们的行为就会变得良好，也会自然而然地获得勤奋、坚持和忍耐等美德。所有的障碍被清除之后，孩子的成长之路也会变得一帆风顺。

当成年人享用了美食或戒掉了毒瘾以后，会变得安静平和，不再沉迷于低级的、让人堕落的不良嗜好之中，而是选择更高层次的娱乐方式。孩子也一样，当他们的内心需求得到满足之后，就会变得宽厚宁静，继续向更高层次的目标奋进。

"善有善报，恶有恶报"，当我们真正地理解这句话之后，人性就会赤裸裸地暴露在阳光之下了。如此一来，生活就会重回积极健康的状态，人们也会因此获得优良的品德。从道德层面来说，这个人就获得了新生，从此变得纯洁、善良和健康，人生也会充满了生机和活力。

实证科学中所说的"道德感"，很大程度上是指人的同情心，即能够感受到他人的痛苦和正义。一个缺乏同情心的人是无法正常生活的。

生硬地记住某些道德准则和行为标准，并不会让这个人真正成为一个道德高尚的人，如果仅仅如此，即使最细微的感情冲动也会阻止我们对道德行为的追求。

一些经常触犯法律的人，可能对某些道德准则非常熟悉；而那些非常自律的普通人，即使他们并不熟悉那些道德准则，也会在内心的引导下选择遵纪守法。

如果我们想阻止孩子走向幻想、欺诈和黑暗，在进行道德教育时，就要帮助他们建立一个感情基础，然后在这个基础上进行道德建设，就像在感觉训练的基础上进行智力培养一样。感官教育和进行智力培养的自由，与情感教育和提升精神建设的自由是类似的，是人类发展中两条并行的道路。

接下来，我们讨论一下成年人和孩子之间的关系。在现实生活中，孩子其实是成年人用来发展自己情感的"刺激物"，这是一种很微妙的状态。

我们在进行智力教育时，会使用大量的教育客体，例如那些能展现颜色和形状的物体等。而在对孩子进行精神培养时，教育的客体就是我们自己。

孩子的心灵很纯洁，他们在成长过程中必须从周围的成年人身上汲取养分，就像孩子的注意力会集中在感兴趣的外部刺激物上一样，他们的注意力也会集中在我们身上，通过他们对我们的爱来提升自己的精神境界。

如果孩子对颜料盒产生了兴趣，被那些缤纷的色彩所吸引，就会产生拿起颜料盒的动力并随意地摆弄它们。如果我们吸引了孩子的注意力，让孩子想从我们身上汲取精神营养，我们就要像可以被随意摆弄的颜料盒一样，不能因为自私而忽视孩子的内在需求。

在这一点上，我们要尽量为孩子稚嫩而纯洁的心灵带去光明。

我们必须尊重孩子的精神自由，不管我们有多爱孩子，都不能将这份爱强加在孩子身上，更不能压抑孩子表达情感的自由，要诚挚而谨慎地对此做出反应，并接受孩子的爱。

那么，孩子怎样才能学会爱我们呢？又该如何让孩子感受到我们对他的爱呢？

孩子和母亲不仅因为肉体而联系在一起，还用爱作为纽带使孩子和母亲的关系变得更加亲密。毫无疑问，每一个来到这个世界上的孩子，都不仅仅带来了他的肉体，也带来了他的爱。一个被父母深爱着并且能够得到父母帮助的孩子，能够借助一种"内在的感官"感受到爱。

在孩子的成长过程中，我们要耐心等待孩子自己发现爱，让他自己感受到爱。当孩子可以感应到我们的精神状态，跟我们在

一起心神很安定时，就表明他已经做到了。

我们要随时随地为孩子提供他们所需要的帮助，尽心尽力地满足孩子的精神需求。

当孩子想要用语言来描述他对周围事物的感知时，我们就应该教他认识事物的名称；当孩子不需要我们时，我们就默默地站在一边，不干扰他的行动。

我们教孩子字母发音和认识数字，能够让他与这个世界上的事物都联系起来。

我们不能强硬地阻拦孩子进行某种选择；当他全身心地投入某种持久的行为锻炼中时，我们要像保护婴儿睡眠一样给予他精心的守护，以便让他能够安心地学习。

一旦孩子需要帮助，我们就要及时回应他，满足他真正的内在需求，这些是我们的职责，就像散发花香是鲜花的使命一样。

通过这种方式，我们就能帮助孩子重获新生，最终他会与我们这些为他的生存着想的人心灵相通，并从我们这里获得自由的生命发展。

孩子会通过灵魂与灵魂的触碰来获得巨大的快乐。他只能用耳朵聆听我们的声音、完完全全地服从于我们的阶段已经过去了。接下来，他会与我们进行心灵上的交流，和我们分享他内心的感受，这些都会成为孩子生命中至关重要的部分。

而孩子给我们的回报就是不断地进步。他会用最真挚的情感回应我们，温柔地顺从我们。我们的心灵也会因此收获累累硕果。生命的奥秘就是如此：你给予了，就能得到，人们会主动将你应得的东西送给你。

"内在感应"或者说是"内在感知"，可以帮助我们正确地区分善恶，这时我们并不需要借助理智对道德的理解来进行区分。

我们的潜意识能很自然地辨别美好和邪恶。美好会让我们变得安定有序，给我们带来热情和力量；而邪恶会给我们带来痛苦，将我们带入黑暗和混乱之中，让我们的心理状态不佳，甚至出现精神异常。可以确认的是，我们并不会因为社会法则、公共舆论、物质生活甚至可怕的威胁而产生邪恶的感觉。

有一种内在感知会让我们察觉到危险的存在，能让我们找到合适的生活环境。对于美好，我们也会有同样的内在感知。

希腊艺术家仅凭对美的感觉，就能抽象出美好人体的标准，并创造了无数奇妙的人体雕塑。艺术家对"艺术"的享受，源于他对"美"的感知和理解，而最大的喜悦和幸福则来自对艺术品的创造，即使创作过程出现了最轻微的错误，他也能觉察到。也就是说，真正的艺术家拥有一种绝对美感，可以真实地感受艺术的美，迅速发现各种形式的不和谐。

潜意识对于善恶的判断也是如此。人和动物最根本的区别就在于，人类的道德感能够像智慧一样得到完善和升华。我们的潜意识就像美感一样，可以慢慢完善，最终通过道德良知辨别出善恶，并且让自己远离罪恶，享受善良带来的美好。

只要拥有了鉴别善恶的能力，我们的精神就会被"拯救"。这种道德感需要通过爱来逐步完善，如果一个人无法训练他"爱的感官"，也就无法获得评定善恶的能力。

例如，一个医学理论知识很丰富的医生，也许对疾病的各种症状都十分清楚，对人的心脏和脉搏的跳动也非常熟悉。但是，如果他的听力不好，或者手指不能清晰地感受到脉搏的跳动，那了解再多的理论知识也是于事无补。因为医生对疾病进行精确诊断的前提是感官的知觉，如果一个医生的感知能力缺乏或者很弱，那么对于病人来说，这位医生具备再多的医学知识也没有什么实用价值了。

我们的意识也是如此。如果我们闭上了心灵的眼睛，那么再多、再明显的"精神症状"也无法被我们所感知到，更无法对它做出准确地判断，它只会默默地离我们远去。

除此之外，对于美的感知也会让我们慢慢走向完善。就像希腊艺术家对美有非同一般的鉴赏力一样，也有一些人具备非凡的辨别善恶的能力。

修女特蕾莎曾经说过，每当有坏人靠近时，她会感到特别难受，仿佛周围的空气都变得污浊了。当然她并没有闻到什么异味，但是她会感受到一种精神上的痛苦。

只有爱才能让孩子感受到精神之美，才能增强孩子感知善良的能力，使他们远离罪恶，让他们的精神渐渐得到完善。这样，孩子就会在敏锐的美感中获得最优良的品德。

蒙氏教育
与传统教育的区别

要让孩子拥有自由和玩
耍的空间，让他们充分享受
生活，去做自己想做的事，
不要因为担心孩子犯错就阻
止他们的行为。孩子的智力
就是在这个过程中得到成
长的。

教育的目的是促进孩子的成长，但是蒙台梭利教育法不仅仅是为了帮助孩子成长，更重要的是为了让孩子能够很好地适应并融入环境之中。

我所说的"适应"，并不是人们通常所说的接纳环境的能力，而是一种发自内心的感觉，是一种安全感和幸福感，也是一种在个人所处的经济和社会环境的基础上产生的精神满足感。

因此，孩子的生活环境非常重要，周围的人必须给予孩子适当的帮助，才能够让他们对环境产生感觉，然后渐渐地适应环境。孩子未来的发展就奠定在这个基础上。

所以，孩子们目前的处境并不好，这给他们的成长带来了许多问题。我们周围所有的事物都是瞬息万变的，没有任何东西会一成不变。整个世界都变幻莫测，似乎没有人知道未来该走向何方。

孩子才刚刚来到这个世界上，他们也会对此感到不适应。这会让他们恐惧或者厌恶周围的环境，此时他们需要我们的帮助，以适应这个环境，而走进孩子内心的最佳方法就是心理学。

心理学领域对于孩子的关注度也越来越高，因为孩子内心的不安全感比成年人更强烈。特别是经历了两次世界大战之后，许多价值观和意识形态都被打破了，新的认知尚未在这个社会中形成，许多新事物都在等着我们去创建和完善。

由于这些，人类社会似乎充斥着一种不安全感，而孩子的这种感觉更加强烈。

战争给人类带来了无穷无尽的伤害，特别是心灵上的创伤。心理上的缺失会极大地影响孩子的成长。我们应该留意孩子的心理问题，因为在孩子的成长过程中，精神基础决定了他未来的发展道路和前进方向。

任何人都会受到外部信息的影响，这些信息可能来自收音机，也可能是电视机。即使是成年人也会受到这些信息的影响，更何况是婴幼儿呢。

也许孩子只是偶然间对这些信息产生了反应，但是这些偶然的反应和行为长期累积下去，达到一个限度之后，就会让他们的心理产生偏差。最新统计数据表明，心理失衡的人数每年都在增加，对此我们却毫无办法。

我们很清楚，心理偏差会对我们的生活造成无法预计的后果，但是我们又能如何处理呢？

如果孩子遇到了困难，成年人有什么表现呢？大多数成年人会选择帮助孩子，以便让他们渡过难关。但是，我们也应该让孩子尝试用自己的本能去解决难题。

无论什么年龄的孩子，需要的都不只是简单地医治他们身体上的疾病，更需要我们给予他们触及灵魂深处的关怀。

孩子的成长需要成年人的帮助，当孩子依靠自己的本能成长起来之后，就需要我们给以他们协助，让他们能够充分了解并且更好地适应社会。真正有效的帮助不是简简单单地给孩子提示，而是要让他们像面对周围的环境一样，真正地融入并适应这个社会。

众所周知，所有的孩子都有自己的敏感期，他们在敏感期内会有一些异常的反应。我们不仅要帮助孩子适应周围的环境，更应该帮助他们树立正确的人生观，让他们明白自己在这个社会中的地位，摸清自己的状况和境遇。

我们必须让孩子了解这个世界的运作规则以及它是如何影响我们的。我们必须将这一切都在孩子们面前呈现出来，让他们对人类产生敬仰之情。

因此，无论所处的社会是什么样的，也无论意识形态发生了多大的变化，我们都会一直改变下去、创造下去。

但是也有许多事实是固定不变的，我们可以利用这些来协助孩子的成长和教育。例如，无论社会如何发展，人都需要吃饭、穿衣；无论社会多么先进，刚出生的婴儿都对一切一无所知。这些是无法改变的事实。我们可以认真地想一想，当一个人来到这个世界以后会有什么需求，又是怎样来满足自己的需求的。

我们很清楚，人类是茫茫宇宙中的众多物种之一，无法孤立地存活，而是以其他事物的存在为前提的。也就是说，如果其他物种都消失了，人类也将不复存在。

为了维持生命，我们需要吸收各种营养，例如水，不管它是来自茶、饮料还是白开水；我们更需要各种蔬菜水果中的营养成分。因此，在我看来，人是依附于环境而存在的，我们一直在向环境索取，却没有为它做出奉献。

动植物也需要从环境中吸取赖以生存的营养。动物要生存下去，就需要摄入食物和水分。即使在我们看来为这个世界做出了巨大牺牲的植物，也需要吸收其他物质作为养料，比如，我们排放的二氧化碳以及其他排泄物等。同时，植物又能制造氧气来供我们呼吸。

由此可以发现，世界上的万事万物都是相互关联、相互依存的，没有哪一种事物可以独立存在。我们也可以换一种更形象的说法，一只蝴蝶在采蜜的同时，也帮助了植物的成长。这看起来更像是一种无意识的行为，当你满足了自己的需求时，无意中也帮助了对方，使其得以生存。

例如，我们之所以认为食肉动物很凶残，是因为它们靠猎食其他动物为生。但是，正是食肉动物的存在，被它捕猎的动物的数量才被控制在了合理的范围内。食肉动物捕杀了那些体能较差、不太健康的动物，也在无意之中帮助了被捕猎的动物培养更加优良的品种。

假如没有这些食肉动物，其他动物的增加速度将会难以控制，而且它们的许多机能也会发生退化，给地球和其他物种带来难以想象的灾难。

也许有人坚持认为食肉动物是残忍的，但你要知道的是，食肉动物的存在维护了生态的平衡。人类依赖于动植物而存在，而植物的生存也离不开人类和其他动物，这就是自然的法则。

食肉动物为了维护生态平衡必须捕猎其他动物，却因此引起了我们的不满。似乎我们只是观察到了事物的表面现象，却没有探索到更深层次的规则。每一个生物都在为建立一个更加美好的世界而不懈地努力着。

生命总是一个接一个地延续下去，只有通过不停地累积上一代的经验，新的生命才能得到更进一步的发展。当积累经验的行为停止了之后，生命也就消失了。

以地衣类植物为例，我们来进行分析。要知道，地衣类植物是这个世界上出现的第一种植物，只有这种植物可以从石头缝里生长出来。它们可以以自身为养料，因此它们不缺少营养，这就为下一代的生存创造了条件。下一代可以将上一代的残骸作为食物，这样下去，食物来源只会越来越少，生存能力也就会越来越差，结局只有死亡。

在这个世界上，任何生命的进化都是以上一代为基础的，在祖辈的努力之下，新的生命才拥有了适合自己生存的环境。无论何时，只要谈到生命，我们就会想起供给和奉献。我们会感受到，为了让下一代过得更好，所有人都默默地做出了奉献。只是我们的奉献好像都掩盖在了自我需求之下。

例如，人类每次呼吸的时候都吸入氧气、呼出二氧化碳，而二氧化碳恰好是植物生长所必需的。又比如植物，为了生存吸收二氧化碳，同时又释放氧气，而动物和人类也因此得到了好处。

这一切有多么神奇！这是造物主给我们创造的奇迹。一个独立的生命体，也会为其他生命体的存在而做出自己的贡献。只有真正地了解了这个世界，我们才会发现，这个世界能够让所有生物成为一个相互关联的整体。

当人们刚知道这个事实的时候，都感到不可思议，甚至有点儿难以接受。但是，现在很多人都已经接受了这个观点，也愿意让学校进行这种教育，以便让孩子们了解社会的运作规律。人们希望孩子能够通过学校教育获得简单的社会经验，例如买卖交易等。

通过学校教育让孩子完全了解世界几乎是不可能的，因为这个世界太大了。我们唯一能做的就是让孩子获得通往世界大门的钥匙，然后自己去探寻大自然的奥秘，增加社会经验。

有一天，一个小女孩需要铅笔，于是，我给了她一些钱，让她自己去商店买。小女孩回来的时候很不开心，埋怨商店老板欺负她年纪小，让她等了很久。她想表达的是，她之所以会迟到就是这个原因。

后来，我的助理向她解释：商店老板每天早起后要整理商品，还要打扫商店，完成这些之后才能开门营业。他们全心全意地投入这份工作，会尽全力提供令客人满意的服务，并且努力保持对工作的热情。

　　小女孩却不认可这种说法，她认为自己也用金钱购买了店主的服务。这时，我试着让她从商店老板的角度重新看待这个问题。如果商店老板是靠种地或者缝补衣服来维持生计，那么我们是不可能在商店的柜台后面看见他的。人们去商店支付的钱，其中的大部分是用来购买商品的，只有极少一部分是用来购买老板的服务的，而这一部分才是让他们用来维持生计的。他们很难因为这些钱变得非常富有。商店老板终其一生都在不停地为顾客服务，他们也可能会存下一点儿积蓄，但是，他们最终也带不走这笔积蓄，只能将它们留给尚在人世的亲友。他们为顾客奉献了自己的一生，我们也应该为此付出金钱。

　　小女孩被我的话深深打动了。如果大家都这样为他人着想，世界一定会变得更美好。当我们静静地坐着的时候，可以思考一下，为什么我们有衣服穿？那是因为有人做出了衣服。而同时又有另外一些人在生产做衣服的原材料。如果我们想穿毛衣，就必须有人喂羊。我们现在能享有的一切物质，都是很多人用辛勤劳动换来的。

　　设想一下，吃的面包是谁做的、做面包的原料又来自哪里，我们就会发现，这个世界上的每一个人都是相互依赖的，只不过每个人从事的工作不同罢了。

　　如果有人付出更多的汗水和努力，为大家提供了更便捷、更优质的服务，那么大家也会愿意将财富交给他，他也会因此变得富有。

就拿工厂主来说吧。我们知道，这些工厂主都十分富有，他们每天生产大量的衣服，并把这些衣服卖到世界各地。但是，如果没有工厂主，每一个人都必须自己做衣服，这个世界会变成什么样子呢？

我们可以想象，一对夫妻必须努力地劳作才可以养活这个家庭。女人从早到晚不停地编织衣服、做琐碎的家务；男人则下地干活，忙活一天才能结束。到了晚上，他们疲惫不堪，上床睡觉是他们唯一的愿望。他们每一个人几乎都没有自己的业余时间，不可能去干其他的事情，也不可能为我们人类的进步而做出努力。

可是，当一些人发明了机器，可以用机器来制造衣服时，那会有多少家庭将减轻负担？而且这些衣服也不贵。这无疑是造福世界的行为。

工厂主之所以可以获得大量财富，主要是因为他们生产出了机器，收集了别人耕种出来的麻布等原料，使得大家的生活变得更加便捷。

我们应该留意一切为我们的生活带来便利的人，他们帮助我们节省了很多时间，他们理应得到报酬。

就像教师，他们也在不断地帮助别人。尽管有些老师可能一辈子都没有离开过出生地，但是他们让孩子学到了更多的知识，这就是对社会和世界的贡献。当这些孩子长大后，对社会做出了贡献，就说明老师对他们的谆谆教导起了作用。无论这些孩子身在何处，老师的帮助都是不可否认的。

很多为我们的生活做出了贡献的人，几乎都是默默无闻的。当我们问起，羊是谁养的、麻布是谁种的等问题时，没有人知道答案。与其说这是一种付出，我更愿意将之称为爱。

奉献者把自己的能力贡献出来，就是为了使社会运作更加顺畅。人们已经意识到了这样的问题，于是成立了联合国，可以团结更多的力量，实现世界和平。如果每一个人都朝着这个共同的目标努力，世界也会因此变得更加和谐。

大家未必都认同这些想法，但是事实已经证明，只有彼此相互付出，我们才能有足够的时间去干自己想干的事情。

人性不完全是自私的，自私背后还隐藏着无私。虽然孩子的人性尚在成长之中，但是我们应该让他们了解人性，并且让他们知道，在这个世界上，无论你在什么地方，都是在为每一个人工作。只有让孩子从小就了解这些事情，他们才会懂得珍惜，并且学会尊敬每一个人。

作为成年人，我们需要帮助孩子形成正确的认知，培养其健全的人格。只有让孩子拥有了最基本的认知，形成最基本的判断能力，那么无论以后发生什么事情，他都会懂得分辨事物的好坏。

如果孩子从小拥有了正确的认知，便不会成天让自己沉浸在不切实际的幻想里，而是会理智地思考；他们不会随意抱怨，而是会付诸行动。

就像两次世界大战，难道像表面上看起来的，它们的发生仅仅是因为领导人的过错吗？

想想看，这些人是怎么成为国家领导人的。他们形成自己的想法和观念并宣传出去，从而得到了更多的追随者。于是，他们成了领袖。

可是，如果这些追随者自己没有明确的认知，就会变得盲目。就算前方是死路一条，他们也会不加思索地莽撞前行。

如果我们让孩子从小就懂得理性思考的重要性，他们就不会变得盲目，只知道一味地追随他人。他们会懂得思考，知道分辨事情的对错；他们会懂得感恩，知道如今安稳的生活依赖于很多人的默默付出。当有人让他们跟着去做某些事情时，他们会先想一想，而不是立刻盲目地跟随。

除了帮助形成基本的认知、了解周围的环境，我们还要帮他们进行心灵的探究。通过这些，孩子就会懂得一切都是来之不易的。

认识真实的社会，没有年龄的限制，我们不能因为孩子小就阻止他了解事实。孩子只有了解了这些，才会知道社会是什么样子的，应该怎么进入社会，并且学会珍惜、感恩和思考。

如果孩子只能适应某一个国家或者某一个特定的狭小的环境，那么他又如何能够真正地在这个世界上生存呢？

我们知道这个世界上存在一些村落，那里的人生活在固定的圈子里自给自足。他们几乎很少和其他村落的人走动，尽管村子之间的距离可能只有几十里，但对于他们来说却遥不可及。

村子里的人对于外面的世界充满了不信任或者担心，他们拒绝与外界发生任何联系，也拒绝外面的人进入他们的村子。因此，村子里的人不接受和外面的人通婚。如果有人和外人通婚了，整个村子的人都会排斥他。如果遭到了族人的排斥，任何人都难以存活。

这不由得让我想到了一些发展中国家，他们宣扬关起国门办大事，这种行为和封闭了的村子有什么区别呢？排斥一切外来事物，把自己关起来，这样做只会蒙蔽自己的眼睛。

似乎很多人认为，只有传统观念才是正确的。如果有人违背了传统观念，就是犯了错误，会遭到周围人的唾弃。

意大利人的很多规矩都来自天主教，如果有人的做法违背了传统观念，就可能遭到所有人的唾弃。例如，女人是不能讲脏话的，而男人长久以来已经形成了粗鲁的行为，则被允许讲脏话。如果一个意大利女人在公共场合讲了脏话，那么她就会遭到所有人的排斥。

在这种环境下，只要有一个人做出了一个不同寻常的举动，即使再微小，周围的人也会受到影响。孩子如果长期生活在这样的环境中，接受这样的教育，自然也会形成这样的认知，以至于在未来的生活中，他们也不会轻易接受外界不同的观点。

我们必须确定孩子应该遵守什么样的规则，也必须认真研究应该用什么标准来教育孩子。

现实生活中，很多标准并不统一，同样一件事，有时候家长会告诉孩子这样做是对的。但是换了另一个场合之后，他们又会跟孩子说这样做是错的。我们是否能够划定一个明确的标准，以便让孩子学会分辨是非对错呢？

有一点我必须指出来：从精神层面来说，社会的稳定性才是最重要的。什么是社会稳定性呢？形象一点儿来说，就是像地面一样保持安定，不发生震动和摇晃。

为什么我会强调社会的稳定性？试想一下，如果你走在路面崎岖的道路上，刚出发就摔倒了。当你站起来之后，因为路面的不平整又跌倒了，这时你就不知道该如何下脚了，需要一些东西来指引前进的方向。任何人遇到这种状况都会迷失方向，也不知道接下来的路该如何走下去。

现代社会瞬息万变，整个世界在新旧意识形态的相互冲击下变得极其混乱，就好像崎岖不平的路面一样。面对这样的世界，即使是成年人也难以招架，更何况孩子。孩子们要想在这样的世界上生存是非常困难的。

我们必须帮助孩子适应这个社会，除了心理学家之外，教育学家也应该帮助孩子顺利地成长。我们需要让孩子塑造最基本的行为意识，以便在一片混沌的世界中获得自己的意志和思想理念，只有这样，孩子们才能更好地成长。

因此，我们一直在探寻，如何才能帮助孩子们更好地成长。

但是，我们尝试过许多方法，都没能帮助孩子塑造出自我意志。

关于如何让孩子们接受正确的意识形态的熏陶，我们已经失败了无数次，而且依然没有找到解决的办法。但是现在，我们有了蒙台梭利教育法，它可以透过本质去指导孩子适应这个瞬息万变的社会。

随着现实社会的发展，生活环境也在不断变化，但是总有一些东西是不会改变的。而借助这些东西，我们的品行就能得到提升。我也一直在强调这一点。

教育同样如此。我们需要明白，什么才是培养孩子的基础，以及对孩子未来的发展来说，什么才是最重要的。蒙台梭利教育法的根本目的就在于此。只有做到这些，我们才能真正地帮助孩子塑造他们的人格。

我们可以观察到，孩子在从婴幼儿到长大成人的过程中，发生的变化是令人震惊的。这个过程很漫长，但只要我们耐心地等待，孩子就会实现人生的飞跃。

一个人成长中的每一个过程都非常重要，都会对他未来的发展产生极其深远的影响。

人类精神层面的根基是一些稳固的思想，只不过当我们在面对不同的外部事物时，会产生不同的想法。这些稳固的思想就是孩子发展所需的基本认知，一旦获得了基本认知，孩子就能在此基础上形成自己的认知，他就再也不会被外界变化影响而变得茫然无措了。

例如，大自然让我们人类拥有了语言能力，以便达到相互交流的目的，但是，大自然并没有告诉我们应该说什么样的语言。

以前荷兰人说的是德语，但是现在，荷兰人说的是希腊语。如果只是因为荷兰人的祖先说的是德语，就让现在出生于荷兰的孩子学说德语，这必然会让孩子反感。

我们没有必要强迫孩子学习特定的语言。即使我们希望自己的孩子可以说德语，但是他们依然会在学校里学习希腊语。这些我们都无力阻止，只能选择接受。

虽然婴幼儿拥有学习说话的本能，让他们能够学会讲话，但是他们能学会哪种语言，则是由所处的环境以及历史背景等后天因素决定的。

由此，我们又能发现另一个事实：人类的适应性是非常强大的。根据科学考证，地球可能已经形成 30 亿年了，而有文字记载的人类历史只有 5000 年左右。和地球相比，人类是多么渺小。因此，我们应该摆正自己的位置，将更多的精力放在实现自己的梦想上。

现在，人类可以说是这个世界上最强大的生物之一。人类努力战胜了那些令人害怕的巨型哺乳动物，成功地解除了来自它们的威胁，并获得了最终的胜利。人类之所以能做到这一点，很大原因来自天生的倾向。

大家也许会感到疑惑：我为什么会讨论这些？它和教育又有什么关联？其实，我之所以提到人类倾向，就是希望孩子能够继续保持和发扬这种特质。人类倾向是每个孩子与生俱来的能力，值得每一个教育工作者重视。

人类倾向的表现就是敏感期会引导孩子的成长。同时，孩子也需要我们成年人的辅助，才能够顺利成长并形成独立的人格。人类比动物强大的根本原因就在于此，我们培养孩子也需要以此为基础，来帮助孩子稳定人格，变成一个坚强的人。

动物虽然没有人类这样发达的大脑，但是有时候，它们也很幸福。它们没有那么多的烦恼，不会被自我意识困住，因为它们根本就没有自我认知。

动物的行为主要是出于本能，它们天生就知道应该做什么。动物与人类不同，它们不会有太大的变化，也不会为了得到某种能力而付出不懈的努力，因此它们也不会像人类一样面临巨大的压力。

从出生到现在，我们的身心都发生了难以预测的巨大变化。例如，身体器官上的巨大变化，让每一个人的相貌都产生了差异。

和动物一样，我们并不需要为自己应该长什么样子而担心。动物一出生，就已经知道了它们将来的生活方式。例如，一头牛并不会被一块肉所诱惑，因为它知道自己需要的食物是草。它们的目标很明确，不需要开动脑筋思考。这是上天赋予动物的本能，并不代表它们很聪明。如果它面对的是另外的问题，也许就不会做选择了，而只能局限于这个固定的方式。

牛的生活也受到了一些限制。在许多地方，人类能生存，牛却不行。当牛没有了喜欢吃的草料之后，它们就会不知所措，只能等死了。大部分动植物也是如此，它们只能在固定的地区生存，一旦离开了这个范围，就会面临死亡的威胁。所有动物天生只能按照设定好的方式进行活动，包括应该以什么为食以及如何移动，这些都是无法改变的。

当我们处在人生的十字路口时，也许会有这样的想法：假如我们是动物该有多好，这样一出生就知道自己应该干什么，不应该干什么，就没有那么多烦恼了。

然而，人类有自己的思想，因此永远也不会满足。我们都为了实现自己的梦想而努力拼搏着，这种永不满足的欲望也推动了人类文明发展的进程。与动物相比，这正是人类无可比拟的巨大优势。

每一个生命从来到这个世界的那一刻开始，就已经具有了它应该肩负的使命。生命的内在因此被赋予了巨大的能量，这种力量会帮助我们完成自己的使命。

这就好像有一个以司机身份出生的人，他天生就有这种潜在的能力，这种能力会驱使他去学习驾驶，而对于人类来说，需要驾驶的汽车就是人类自身。

上帝赋予了所有动物天生的生存技能。例如老虎有尖刀般的利齿，可以轻松地将猎物撕成两半；北极熊有厚实的皮毛，可以生活在极低温的环境中。可是，我们人类既没有尖利的牙齿，也没有厚实的皮毛。表面上看，大自然并没有赋予我们人类任何能力来对抗外在的凶险。假如动物像人类一样拥有智慧，它们可能会用嘲讽的眼光看待我们。

这可能是个事实，因为我们的祖先非常脆弱。在面对危险时，他们既没有武器，也没有足够的能力可以跟敌人对抗。他们既没有老虎那样锋利的爪牙，也没有北极熊那样厚实的皮毛，甚至连灵活性也比不上兔子。老虎可以轻轻松松地抓到一只兔子，而人类也许需要花费大量的时间才能抓到。

而且人类还面临着养育孩子这个艰巨的任务。

我们很清楚动物的幼崽是如何长大的。小牛犊一出生就可以站起来走路了，而且它知道在哪儿可以获得食物。它们不需要学习就能听懂得牛妈妈的话，明白母牛对它们有什么要求。

但是人类的新生儿不会说话、不会走路、不会自己吃东西、生活无法自理。他们必须经过相当长的一段时间之后，才能知道如何在这个世界上生存，才能真正学会在世上独立生存的技能。由此我们可以发现，对于孩子来说，生存是一项巨大的挑战，要赢得这项挑战是非常艰难的。

因此，只有人类有权质问上帝："为什么你要抛弃我们，不赐予我们基本的生存技能？"

大自然将我们遗忘在了冰河世纪，不赋予我们任何能力，这是为什么呢？难道大自然对我们的爱就是让我们在痛苦中挣扎求生吗？

　　人类必须拼命地挣扎，否则只能面临死亡。即使没有尖利的爪牙和暖和的皮毛，但我们通过自己的不懈努力适应这个环境：直立行走解放了双手，让人类可以劳作；人类聪明的大脑中有许多奇思妙想，可以一步步实现自己的梦想。人类最终成了社会的主人，并且拥有了无数的子孙后代。

　　与动物相比，人类最重要的是拥有自己的思维。而动物则被限制在固定的生存范围内，没有什么心灵的活动空间。

　　独立自主的思考是人类最强大的本能，也是其他动物所不能比拟的。虽然我们在外形上没有优势，但造物主却赋予了人类一个充满智慧、可以独立思考的大脑，这是一种无形的宝贵财富。

　　也许有人认为，我不应该拿远古人和现代人做对比，那我就讲讲现代的事情。如果我们身处一个陌生的国度，独自一个人去野营时，需要做些什么呢？

　　首先，我们会找一个合适的地方来搭建帐篷。我们要观察搭建地点周围的环境，看看有没有什么潜在的危险，以及是否方便我们随时撤退。而这些行为正是远古时期的人类在狩猎时期要做的，由于他们的努力，今天的我们才有了这样的技能，这一切都是相互关联的。

　　在《童年的秘密》中，我们谈论了很多与孩子敏感期有关的问题。其中，我讲过一个孩子和雨伞的故事。之所以会讲这个，是因为我希望能借此跟大家形象地描述一下方位感的问题。

　　在孩子很小的时候，方位感就已经形成了，他会有一个清楚的认知，那就是某个东西应该放在什么位置。如果有一天，孩子突然发现这个东西不放在原位时，他会因此而感到不可思议。这就好像我们居住了很久的房子突然不见了，我们去找它，而周围的人都说他们从来没有见过这间房子一样。

我们之所以会去寻找房子，是因为我们清楚地记得房子就在那里。而周围的人之所以说没有见过，是因为这间房子对于他们来说无关紧要。这对于我们来说却十分痛苦。

我们需要建立明确的方位感，只有这样，走错了之后才能有重新开始的机会。但是，如果我们因此而惶恐不安，使安全感发生了移位，就会造成无法弥补的伤害，就如同我们进入了一片混沌之境，变得茫然无措，甚至可能会完全迷失自我。

现在我们应该清楚了，为什么需要留意孩子的一举一动。因为某些在我们看来不重要的行为，也许会影响孩子的一生。当他们尝试和周围的事物建立联系之后，这种能力就会指引他们面对那些未知的情形，并且让他们探索的欲望得到满足。

如同不同地区的人有不同的饮食习惯，有些地区的人喜欢吃虫子，有些地区的人喜欢吃蔬菜，还有一些地方的人喜欢吃生冷的食物。有人会在我们尝试某种食物的时候提醒我们不要吃，这是因为过去的经历让他们知道这些东西是有毒的。

由此可见，我们的祖辈付出了多么巨大的代价，才筛选出了这些可以安全食用的食材。我们该为此感到高兴还是伤心呢？我们了解了事物的安全性并且顺利地生存了下来，但是也有许多人为此而牺牲。

　　人类祖祖辈辈做的贡献不止于此，他们还提高了整个社会的文化水平。为了人类的生存和发展，他们不断地探索和研究周围的环境，目的就是要维持我们最基本的生活。

　　上天让我们来到这个世界上，我们要做的第一件事就是战胜周围的环境。无论多么强大的人，都必须进行这些基本的活动。就算是民族英雄甘地，也需要吃饭、喝水，不论吃的多还是少，都需要获得维持生命所必需的营养。甘地死后，他的身体会消失，但是他的精神留在了我们每一个人的心中，永远也不会消失。

　　许多人都没有认识到，人类拥有的不只是躯壳，还有内在的灵魂和思想。我们必须遵守大自然的法则，只有这样才能得到更好的发展，获得更多心灵上的寄托。因此，不管我们对这些规则有多么不满，都必须遵守。这就好比空气一样，无论我们多讨厌它，也不能停止呼吸，因为它是我们维持生命所必需的事物之一。没有了空气，我们只能死亡，精神领域的创造也因此而停止了。

　　我们不是动物，不会一出生就知道该吃什么、该如何生活。我们只有不断地探索，才能弄清楚自己要怎样才能生活下去。

　　当气温下降时，尽管我们感觉到了寒冷，但是由于没有厚实的皮毛抵御严寒，所以我们只能努力寻找能够抵御严寒的地方。一旦我们发现了洞穴，我们就知道，以后天气寒冷的时候，就可以躲在洞穴里了。如果我们发现另一个地方生长着既好吃又无毒的水果，我们就知道，以后饿了就可以食用它们来维持生存。我们又在不同的季节、不同的地点发现了其他食物并记了下来。在不断探索的过程中，我们不断地收获经验，知道应该如何抵御寒冷、如何填饱肚子。渐渐地，人类适应了自然环境并形成了一个整体，共同应对大自然带来的挑战。

从无知到经验丰富，这是人类生存和发展必经的道路。我也希望在孩子们身上找到这种原始本能的发展模式。因为孩子与成年人不同，他们更倾向于在本能的状态下成长，我们应该帮助他们形成正确的认知。

智慧是人类拥有的最独特的武器，也是其他动物所没有的优势。

例如，当我们看到一头狼想要捕食母牛身边的牛犊时，就会猜想母牛该如何保护小牛犊。一旦我们想到，可以用坚硬的牛角插入狼腹来杀死这头狼，接下来就会思考，是否能够制造一些坚硬的物品来保护自己。

当我们偶然观察到一只用前爪快速挖洞的小兔子时，就会想，我们也可以制造出一种类似兔子前爪的工具。

当我们发现长毛象可以利用身上的毛来抵御严寒的时候，我们就知道应该找一些类似像毛的东西裹在身上取暖，这样就能抵御严寒了。

这些都是智慧。智慧让我们拥有了创造力，即便我们没有坚硬的角，没有锋利的爪牙，没有厚实的皮毛，但是，我们可以利用无穷的智慧制造出与之类似的工具。

人类之所以能成功地实现自己的梦想，是因为人们并不是在进行不切实际的幻想，而是将现实融入想象，才实现了自己的创造。而且我们在深入观察的时候，也会尝试弄清楚动物拥有这种能力的原因。比如兔子为什么会挖洞？那是因为它拥有锋利的爪子。正因为如此，我们才想到可以利用棍棒或者其他尖利的东西来进行挖掘。一旦我们意识到这一点，我们就会开始自己的工作了。

我们就能够直观地发现人与动物的差别。动物是固定模式的，它们的未来在出生的那一刻就已经决定了。它们没有自我意识，更无法进行心灵上的创造。动物利用强大的肉体来适应周围的环境，而人类则利用强大的自我意识来适应这个世界。

毫无疑问，意识对于我们来说非常重要，它给我们指明了前进的方向，帮助我们选择了正确的道路，满足了我们所有的需求。

例如，对于动物来说，当饥饿和寒冷这类身体上的需求得到满足时，它们就得到了真正的满足。但是，人类不仅需要肉体上的满足，更需要精神上的满足。精神世界在人类的需求中占有很重要的位置。只有我们内心的想法得到满足时，我们才算得到了真正的满足。

我们无须对此感到惊讶，这就是人类的能力。通过大脑的运转再加上双手的行动，我们就能创造出想象中的事物。但是我们首先必须学会如何掌握身体的各种机能并加以运用。这一点非常重要，只有熟练地掌握了身体机能的运作，我们才能准确地把握制造的标准。否则，被制造出来的物体就会与我们的想法天差地别。

设想一下，如果我们是生活在森林中的原始人类，居住的是木头堆砌的房子，使用的工具也是木制的。但是当我们无意中将石头插进了木头中间，发现这个物品好像拥有了攻击性。当有动物靠近时，我们发现将它抛出去后竟然能刺穿动物的身体，这就让我们获得了极大的满足。这是一种全身心的满足。牛的武器牛角只能固定在它的头上，但是我们制造的武器可以随意移动，这让我们感到非常自豪。

我们尝试着抛掷别的东西。我们抛出了一根木棒。然而意想不到的事情发生了，木棒并没有朝着正前方飞出去，而是发生了偏移。这就让我们感到很困惑，于是继续不停地抛掷，可是木棒的方向都是偏的。这是为什么呢？

这个问题萦绕在我们的脑海中，促使我们探寻背后的原因。后来，我们终于弄清楚了，木棒之所以会发生偏移就是因为它是弯曲的，直的木棒抛出去后才会落在正前方。

接着，难题出现了：在找不到直木棒的情况下，如何才能让弯曲的木棒变直呢？

同时，我们还遇到了另外一个问题。我们像之前一样，将石头插在木棒中并抛出去，但是这一次，我们什么也没有击中，木棒和石头还因此散开了。这时我们明白了，第一次能击中动物，靠的是运气。同时我们也知道了，只有将石头和木棒绑在一起，它们才不会散开，才能变成用来攻击其他动物的武器。但是如何才能将石头和木棒连接起来呢？这就需要我们创造出能够将二者连接起来的东西。

正是因为出现了失误，然后不断地重复和尝试，我们才能变得更美好。只有经历过失败，我们才知道哪些做法是不对的，才能避免今后再犯类似的错误。在这个过程中，我们不仅形成了正确的认知，自身也获得了身体和心灵的全面成长。

我们需要不断地增长智慧，而实践就是增长智慧的最佳途径。只有经过坚持不懈的努力和完善，我们的人生才能实现更大的飞跃和发展。

蒙台梭利教学法是在了解人类这些最原始的倾向之后才创立的，它对孩子们的成长是有益的。

蒙台梭利教学法主要强调要让孩子拥有自由和玩耍的空间，让他们充分享受生活，去做自己想做的事情，不要因为担心孩子犯错就阻止他们的行为。孩子的智力就是在这个过程中得到成长的。

了解人类的进化和发展过程，对幼儿教育来说是非常有用的，我们可以从历史进程中看到人类逐渐进步的过程。

从旧石器时代到新石器时代的过渡就能体现人类的发展过

程，在这一阶段，人类的工具慢慢变得更加精致和美观，人类的行动效率也得到了提升。此时，人类的计算能力已经变强了。我们可以准确地计算出应该用什么样的石块，并且应该如何对这个石块进行改造。这些都表明了在人类飞速发展的过程中，持续不断的探索行为提升了我们的智力。

同时，我还要指出虽然现在这个社会中有很多教育家，也有很多教育方法，但是只有蒙台梭利教育法将幼儿教育与人性倾向结合起来了。这个做法是值得肯定的。

许多心理学家都没有意识到这个问题的存在，甚至还有许多人公开谴责我们的教育方法。

他们拒绝接受我们的教学方法，即使在参观完我们的学校之后，他们的态度也不会发生任何变化。

他们中的大多数认为，数学处且枯燥乏味，而且对孩子的发展也没有帮助。就算他们亲眼看见孩子们认真学习数学的样子，也会觉得孩子不是自愿的。然而在得出数学毫无用处这个结论之前，他们真的仔细思考过吗？如果数学真的毫无用处，为什么我们的先辈会将它流传下来呢？既然它是真实存在的，就必然是有其价值的。而且我们在实践中发现，数学对我们的生活是有帮助的。在未来的生活中，也许我们在很多地方都需要运用数学知识来解决难题。因此，我们提倡数学教学，也期待孩子们能够真正地掌握数学。

只要研究了人类的起源，就不会反对蒙台梭利教学法。

　　我们经常希望能做一些工具来帮助我们达到某种目的。可是，当我们制作好之后，却发现它达不到我们想要的效果，这给我们带来了烦恼。

　　这就好像我们拿起了一个网球拍，希望可以用它来打网球，然而我们不但没有打到网球，反而被网球狠狠地砸了一下。这时我们会感到非常愤怒，于是再次挥动球拍，这次我们打到球了，可是球却没有飞到我们预想的位置。

　　为什么会这样呢？难道是因为我们不够强壮吗？经过分析之后，我们找到了原因，从打不到球到打得到球需要练习，让球飞到我们预想的位置更需要练习。如果我们真的很喜欢打网球，就应该花费更多的时间和精力来练习控制球的方向，等到可以熟练地掌握球的动态时，球就可以往我们预想的方向飞了。

　　反复练习一件事情，直到熟练地掌握了相关技能后才会停止。这难道不是因为我们内心有一套自我完善的机制吗？每个人对完美的标准都不一样，有些人要求高，有些人要求低。但是，不论高低，我们追求完美的过程都是在管理自己的行为，都是希望自己可以变得更优秀。

　　在漫长的发展过程中，人类社会经历了一个从无到有、从低到高的过程，这都是人类自我完善意识连续作用的结果。没有这种倾向的存在，我们就无法拥有现在的高度文明。

　　孩子的心灵深处也有这种自我完善的倾向。因此，我们应该给孩子创造练习的机会，并且允许他们犯错，这样孩子才能在成长的过程中实现自我完善。

我们身体内部还有另一种能力——自制力。自制力对于孩子的成长非常关键，我们也希望通过教育激发他们内在的自制力，以便让孩子学会控制自己的行为。只有能控制自己的孩子，才能征服周围的环境，实现自身的突破。

我可以给大家举一个例子。一个饥肠辘辘的原始人站在水坑边，静静地等待着猎物的出现。这时，他发现一只鹿正朝着自己跑过来，他兴奋得大叫起来，结果叫声吓跑了小鹿。

这个原始人因此感到失落，于是告诫自己，无论怎样都不能再说话了。于是直到抓住猎物，哪怕被虫子叮咬，他也没有再发出任何声响。

因此，我们要做的不仅仅是学会使用工具，学会适应不同的环境，更重要的是学会征服自己，这样我们才是真正的强者，才能征服其他动物，才能获得真正的满足感。

孩子们也是如此，有时候我们可能觉得他们的行为很可笑，也无法理解这些行为。例如，许多孩子都喜欢沿着地上的直线行走。但是，当了解到孩子之所以这样是为了控制自己的时候，你就不会再笑话他们了。

在这个过程中，孩子们发现他们能够控制自己的身体，让身体始终保持同一个状态，并且从中获得他们从未体会过的极强的满足感。

很多人会觉得，控制自己的过程会让孩子感到疲累，其实不然。这个过程结束之后，孩子的内心充满了从未感受过的喜悦，因为他们内心得到了满足。

因此，我认为一个精神得到满足的人，才是最快乐的人。如果你不赞同我的观点，我可以稍做解释。

当你的某个亲友工作了一天之后回到家里，他告诉你说他很累。然而，你发现他并没有去休息，而是兴高采烈地做起另外一件事。

我要说的是，如果他真的很累，就应该上床睡觉，而不是继续做别的事情。可见是枯燥乏味的工作让他感觉很累，之所以如此，是因为他对工作完全不感兴趣，也无法从中获得一丁点儿的满足感。但是，当他开始做自己喜欢的事情之后，累的感觉便消失了，整个人变得越来越轻松。因为在这个过程中，他做了自己想做的，内心获得了极大的满足。

这也就是为什么我会认为，孩子并不会在长时间的活动之后感到劳累，反而会非常兴奋。因为在这个过程中，孩子的内心获得了满足。对此，很多人都觉得难以想象。

假设有一群外星人，他们对于这种状况也许会感到非常惊讶，这些地球人为什么会如此开心呢？也许一个外星人会说，他看见这些地球人给自己施加了很多压力，然后就变得非常开心了。于是，外星人将从地球人那里得到的豆子装进袋子，然后将这些袋子背在了身上。

但是这样做并没有让他们变得开心，反而非常难受。他们会想，为什么增加了重量之后一点儿也开心不起来呢。他们越想越难过。

这些外星人背上的豆子与他们毫无关系，他们不是自愿背起这些豆子的，这样一来，他们又怎么能感受到快乐呢？这就是我们不要强迫他人做事的原因，因为这样做不仅没有效率，还会让我们的内心感到特别疲倦。相反，如果一个人可以通过工作获得满足，那么他的心灵将会得到极大的舒缓和愉悦。

假设我们被送到了非洲大草原上，只能利用现有的资源让自己生存下去。大草原上有香蕉，因此我们可以用香蕉来填饱肚子。这里还有许多动物，我们也许可以利用动物来帮助我们完成一些事情。当我们慢慢地适应了当地的环境之后，自然就知道了哪里有香蕉、哪些地方很危险不能靠近。在这个过程中，我们也逐渐发现了自身的需求，明白了自己对什么感兴趣，而且会渐渐地让自己感到满足和快乐。

相反，如果一个在非洲大草原上生活了40年的人被带到大都市，他又会做何反应呢？刚开始，他也许充满了新奇感。但是过了一段时间之后，他的内心就会充满恐惧和不安。他不能适应这里的环境，开始怀念家乡的生活。这是为什么呢？原因很简单，在非洲多年的生活让他已经熟悉了那里的文化和规则，并且自身也非常适应当地的环境，这些对他而言，就像动物的本能一样。如果让他现在长期生活在城市里，他的内心会变得空荡荡的，因为他对这个陌生的环境毫无感情。城市里的一切都不同于他熟悉的草原，在这里，他找不到任何可以让他开心的地方，他失去了精神寄托。

所以，任何人都只有在自己最适应的环境中才能找到最真实的精神寄托，才能获得真正的幸福和快乐。

因纽特人也是这样适应当地的环境的。虽然那里没有香蕉，但是有其他可以用来维持生命的食物。因纽特人开始融入这个环境中，找到了在这里生存的方法，这就是一种巨大的成功。他们在这个过程中获得了最大的满足，他们找到了让自己的生活丰富多彩的途径。

也许有人认为，因纽特人的生活环境太艰苦，想要给他们提供帮助。但是，如果你去跟因纽特人说想要帮助他们，将他们带到如同沙漠一样温暖的地方。他们一定会说，他们很喜欢并且已经适应了这里的环境，不需要这样的帮助。

即使你送给因纽特人蔬菜，他们还是会选择吃肉和鱼，因为这才是属于他们的食材。他们的生活习惯就是如此。因纽特人已经融入并且非常享受当地的生活，根本没有离开的打算。

可见，无论遇到任何情况，本能会驱使我们逐渐适应环境，掌握必要的生存技能。比如，因纽特人在刚刚接触外面的世界时也会感觉非常寒冷。当他们发现白熊能用皮毛保暖之后，也会想找一块皮毛裹在身上御寒。因此，他们猎杀白熊，把白熊的皮毛扒下来裹在自己的身上。到了夏天，天气变热了，为了让自己凉爽一些，他们脱下了皮毛。但白熊是无法把自己的皮毛脱下来的，它们只能继续热下去。

无论是外在的感觉还是内在的直觉，人类都不如动物。例如，我们似乎没有很强烈的方向感，也不知道自己的生存方式如何，我们甚至没有一个明确的生存目标。但是反过来看，我们会发现动物的生存范围似乎已经被确定了。例如，如果让长颈鹿去南极生活，它们并不能适应那里的环境，如果去了它们面对的唯一结局就是死亡。

不仅长颈鹿如此，其他动物也被限制了生存范围，当它们脱离这个固定范围的时候，就丧失了生存的能力。可是人类似乎不存在这样的问题，我们可以在任何时间、任何地点，凭借自己的能力生存下去。

由此可见，大自然赐予了我们适应环境的能力，它之所以将人类创造成这样，是为了让我们获得更多的自由。

在许多婚姻关系中，我们也会发现类似的情况。很多新婚夫妇之间并没有什么感情，尤其是那些在结婚之前没见过面的夫妻。即使结婚了，许多夫妻的感情依然没有进展。直到有了孩子，夫妻的生活才会发生巨大的改变。为了孩子，他们开始关爱对方，忍受对方的缺点和不足。

不管是现在还是过去，孩子都是夫妻之间感情的纽带。孩子的出生会让社会发生变化，尤其是在人类社会发展还很落后的时候。当时，各种设施都不完善，也没有保姆照看孩子，人们能找到洞穴居住就已经很不错了。洞穴入口处没有遮挡，随时都可能出现野兽，因此大人必须将孩子带在身边，以防孩子被野兽袭击。

母亲无论是出外劳作、准备食物还是取水，都会把孩子带在身边。孩子在母亲的背上安静地观察这个世界，并且对此产生了一些认知。尽管他还很弱小，不知道周围发生了什么，但是他已经在慢慢地了解这个环境中的一切了。父亲忙碌了一天，也回到家中，陪孩子一起玩耍。

无论部落中有什么集会或者活动，大家都会带上自己的孩子。这样一来，孩子也是部落中的一员。

在这种环境下，孩子慢慢地成长，渐渐明白这里正在或者即将发生什么。他们就像一棵小树苗，从环境中获取营养，并且逐渐适应所处的环境。

处于发育期的孩子得到一些帮助和指引之后，就会顺应我们的期待向前发展，这正是大自然赋予我们人类的能力。我们身体各方面的成长就是为了适应社会的需求。

与现代社会一样，柔弱无力的新生儿也是原始人夫妇需要面对的新任务。

孩子刚出生的时候，身体几乎是完全无法行动的。只有依靠父母的帮助，他们才能活下来，这就要求父母双方一定要为此进行沟通并相互配合。于是，几乎不交流的夫妻开始有了简单的沟通。最初，他们也许是用手势来比画。随着双方交流的不断增加，口头语言便开始出现了。即使这种交流使用的只是一些简单的词汇，但是我们必须承认，这意味着人类语言的形成。语言是随着人们沟通的需求应运而生的，就好像电影中的乐器一样，表达了我们内心的某种需求。语言尚未产生的时候，我们只能靠手势沟通，没有办法将自己的想法清晰地传达给他人。语言的出现给我们带来了巨大的变化，让两颗陌生的心灵产生了交集。人类社会也因此拥有了爱。

如果没有孩子，家庭成员之间可能不会交流，也就无法创造出语言。如此一来，人类社会可能也像动物一样，停滞不前，而不会形成现在这么高深的文明社会。这一切都应该归功于我们的孩子，是因为他们，人类才得到了进化。

另一方面，10—12岁的孩子已经养成了自己的天性，只要父母同意，他们就可以独立生活了。因为他们已经拥有了生存的能力，会按照自己的想法加入某个组织或者团体，然后在那里生活下去。

他们有足够的能力让自己独自在危险的丛林中生活，但是，他们一定会因此感到孤独和恐惧。为了获得安全感，找到可以保护自己的地方，他们又会相互合作，并且在一个适当的时间结婚生子。慢慢地，新的宗族和部落形成了。这些宗族和部落拥有了共同的语言文化、某种程度上的社会共识以及生存的基础，他们适应了特定的生存环境并且形成了一些固有的意识形态。这些宗族和部落开始创建法律法规，并且按照这些规定进行社会和团队的管理。他们克服了重重困难，不断实现着自身的进步和飞跃。

　　并非所有大自然的能量都能被我们改变。我们不可能阻止天空出现闪电，更不可能控制闪电。面对这些能量造成的天灾，我们只能想办法避开，而不是改变它。但是有些事情，我们是可以选择的。比如当我们遇到一只熊时，我们可以选择杀死它，也可以选择从它面前逃走。我们只能控制在我们能力范围内的事情。

　　太阳也是我们无法控制的，在某些北部地区，太阳有时候会消失很长一段时间。没有了太阳，我们会觉得生活很痛苦，气候越来越寒冷，动物好像也随着太阳一起消失了，一切都毫无生机。我们不知道太阳消失的原因，于是开始乞求上天将太阳还给我们。

　　世界上有许多人类控制不了也改变不了的事物，我们的祖先因此创造了神话传说。现在我们还能发现许多和太阳以及其他无法改变的事物相关的神话传说。

　　崇拜神灵这个状态无意中帮助部落形成了法律法规，人们期待法律法规能够帮助他们实现相互的制约。

　　试想一下，如果你的行为违背了部落的法则，你会对这件事置之不理吗？不会的，你的内心会因此备受煎熬，你接受不了自己的这种行为。这就是集体精神对个体的制约。

　　即使现代文明已经高度发达，只要你的行为不在群体的承受范围之内，你还是会因此而难过不安，你所在的群体也是如此。精神层面带来的伤心难过远比物质层面的更严重。

　　对于物质层面来说，我们完全可以远离自己不喜欢的东西；

但是在精神层面上，我们却很难逃离。无论何时何地，我们都无法避免良心的谴责。

当我离开祖国去往另外一个地方时，新环境中的很多事物都不同于我从小长大的地方，那里的伦理道德标准也和故乡的不一样。当那里人们的行为与我心中原本信奉的道德标准不一致时，我会觉得无法忍受，更不可能接受这种行为。

如果你到了食人族的部落，即使他们彬彬有礼，对你十分友善，但是你仍然会因为他们吃人肉的行为而感到非常恶心，甚至想立刻逃离那个地方。

如果有人在印度人面前食用牛排，印度人也会觉得这个人不正常，也很残忍。

这些例子表明，只有在符合自己理念的地方，我们才能获得真正的快乐。

许多群体都有属于自己共同的精神信仰，这种不同个体之间的相同之处，也是他们形成一个群体的原因。这种共同的精神信仰让他们可以相处得更融洽。而且这种共同的精神信仰，也取决于他们长期共同生活的环境和经济基础。

就像日本族群暇夷人，一直都非常信仰"天熊"，因为在食物匮乏的年代，他们靠吃熊才让整个种族得以延续。

印度人十分尊重树木，因为他们曾经因为树木而得到大量物资。同时，印度人对牛也非常尊重，觉得牛非常神圣。这是因为牛对印度社会的发展做出过巨大的贡献。

因此，一个民族的形成不只是依靠共同的语言，更重要的原因是共同的信仰。这一点非常关键，因为信仰同样的事物，所以他们才感觉彼此之间的距离非常近。这种感觉让这个群体聚集起来，形成了民族。他们开始繁衍后代，而孩子的到来让这个民族更加团结，民族精神也更加牢固。孩子对民族的发展做出了不可磨灭的贡献。

而且由于孩子天生具有强大的吸收能力，能够很好地消化和吸收大人们教导的事物，所以族群的语言文化和宗教习俗得以一代代地传承下去。

让孩子接受这些思想的关键就在于我们成年人。孩子就像一张纯洁的白纸，而我们就是给他们的人生增添色彩的那支画笔。

孩子们会关注大人的一举一动，并且想融入其中。无论在哪儿出生的孩子，都希望自己可以真正融入这个社会。这就是孩子的天性。他们只想成为团体中的一员，并不会因为这个尝试起来不太美好而放弃。

例如，印度的孩子很小就能吃很辛辣的食物。假如一位欧洲人来到这里，只尝了一口当地的食物，就已经觉得辣得受不了了。但是，这时一个印度孩子对他的妈妈说："太好吃了，我还想再来一碗。"这是因为孩子生长在这个环境中，已经适应了辣的味道。

孩子的想法就是如此简单，只要是族群认为正确的事情，他们都会努力去尝试，哪怕这些行为在外族人眼里是无知可笑的，他们都毫不在意。他们只在意周围人的看法，只想要自己的民族接受他，他们非常愿意为这些事情而做出改变。

有些民族的女孩子会穿鼻环，尽管在我们看来这样并不好看。但是，在他们本民族，鼻环就是美的象征。没有哪一个女孩子会被希望当成异类。

还有一些民族会给女孩子戴上一个很大的木盘耳环，他们认为这样非常美丽。因此，那里的女孩子都希望能够早一点儿戴上大木盘耳环。

其实，孩子并没有美和丑的概念，他们判断美丑主要是依据周围人的行为和大人们的眼光。只要大家都觉得美丽的，他们就会觉得美丽，甚至可能为此毁掉自己的容貌。得到大家的认可就是他们努力的动力。

由此可以发现，人类的精神力量是非常强大且不可战胜的。世界上有许多不同的民族，一个孩子出生后可能是英国人，也可能是德国人。但是无论孩子属于哪个民族，他都会将自己民族的精神传承下去。

孩子是传承精神文明的纽带，他们会用自己的力量让我们知道什么是民族精神。无论孩子的生活环境如何，他们都会努力适应这个环境，并且接受这个环境中的民族风俗和文化。这是孩子应尽的责任和义务。

孩子似乎也明白自己与生俱来的使命，从获得自我意志的那一刻开始，他们就在努力向自己的民族靠拢，期望能够融入这个民族，并且接受这个民族的文化和习俗。也许他们在告诉我们，因为这是你们喜欢的东西，所以我也想拥有它们，并且希望能将它们传承下去。

这就是蒙台梭利教学法如此重视幼儿教育的原因，孩子的教育不仅会影响他自身的命运，还会影响我们整个国家以及民族的文化传承。孩子联结着现在和未来，可以延续人类的精神。

即使人的类型多种多样，有些女人可能愚昧无知，也有些男人可能蛮不讲理，但是，不管一个人是什么样的个性，都不会影响他对民族文化的传承。因为他们都是在这个族群中长大的个体，接受过族群化的熏陶，有着同样的信仰和认知，会继续按照族群的习俗生活下去。

孩子们也是这样，他们作为刚刚加入大家族的新成员，急切地希望接纳这里的一切。

但是现代社会的思想和文化动荡不安，这是一个巨大的麻烦。尽管孩子们想成为群体中的一员，却不得其法，他们只能不断地探寻，以便早日融入这个社会。

更可怕的是，由于成年人的无知，孩子们无依无靠，只能独自接受狂风暴雨的洗礼。我们必须给予孩子帮助，让他们得到正确的指引，获得最好的成长。